SCHÜREN

Gewerkschaftliche Jugendarbeit als Handlungs- und Möglichkeitsraum

Allespach/Engelhardt/Gröls/Hahl/Kehrbaum/Kling/Obermayr/Thomas

Herausgegeben von der IG Metall

Die Deutsche Bibliothek – CIP-Einheitsaufnahme

Ein Titeldatensatz für diese Publikation ist bei
Der Deutschen Bibliothek erhältlich

Schüren Presseverlag
Deutschhausstraße 31, 35037 Marburg
www.schueren-verlag.de
© Schüren 2002
Alle Rechte vorbehalten

Gestaltung: Sabine Bucher
Redaktionelle Mitarbeit: Volker Kücholl
Titelfoto: Peter Scherer
Foto Seite 120: IG Metall Bruchsal
Foto Seite 11, 14, 57, 62, 81, 93, 103, 130, 140, 166, 205: IG Metall Karlsruhe
Foto Seite 179, 192: Sabine Bucher
Druck: WB-Druck, Rieden
Gefördert aus den Mitteln des Kinder- und Jugendplans des Bundes

Printed in Germany
ISBN 3-89472-264-9

Das Autorenkollektiv

Dr. Martin Allespach Gewerkschaftssekretär, IG Metall Bezirksleitung Baden-Württemberg, u. a. zuständig für Jugendarbeit, Berufliche Bildung und Bildungspolitik.
E-mail: martin.allespach@igmetall.de

Jan Engelhardt Gewerkschaftssekretär, IG Metall Vorstand, Leiter der Abteilung Jugend.
E-mail: jan.engelhardt@igmetall.de

Marcel Gröls Student an der Akademie der Arbeit, Frankfurt am Main

Thomas Hahl Gewerkschaftssekretär, IG Metall Bezirk Baden-Württemberg, Verwaltungsstelle Mannheim, u. a. zuständig für Jugendarbeit, Berufliche Bildung und Berufsakademie. E-mail: thomas.hahl@igmetall.de

Tom Kehrbaum Gewerkschaftssekretär, IG Metall Bezirk Baden-Württemberg, Verwaltungsstelle Karlsruhe, u. a. zuständig für Jugend- und Hochschularbeit und Berufliche Bildung. E-mail: tom.kehrbaum@igmetall.de

Markus Kling Landesjugendsekretär, DGB-Baden-Württemberg. E-mail: markus.kling@dgb.de

Ulrike Obermayr Jugendbildungsreferentin, IG Metall-Jugendbildungsstätte Schliersee

Susanne Thomas Gewerkschaftssekretärin, IG Metall Bezirk Baden-Württemberg, Verwaltungsstelle Stuttgart, u. a. zuständig für Jugendarbeit und Berufliche Bildung.
E-mail: susanne.thomas@igmetall.de

Inhaltsangabe

Abkürzungen

ASTA	Allgemeiner Studentenausschuss
BA	Berufsakademie
BAföG	Bundesausbildungsförderungsgesetz
BJA	Bezirksjugendausschuss
DIHT	Deutscher Industrie- und Handelstag; umbenannt in
DIHK	Deutsche Industrie- und Handelskammer
GJAV	Gesamt Jugend- und Auszubildendenvertretung
HIB	Hochschulinformationsbüro
IT	Informationstechnologie
JAV	Jugend- und Auszubildendenvertretung
KJHG	Jugend- und Jugendhilfegesetz
KJP	Kinder- und Jugendplan
KMK	Kultusministerkonferenz
OJA	Ortsjugendausschuss
SMV	Schülermitverantwortung
TAK	Teamendenarbeitskreis

Liebe Leserinnen und Leser,

beinahe wöchentlich wird Jugendlichen heute ein neues Etikett verpasst: „Techno-Jugend", „Generation Golf", „Fun-Generation" usw. Aber während Trendforscher in Sachen Jugend Hochkonjunktur haben, sucht man fundierte Veröffentlichungen über Jugendarbeit in Gewerkschaften vergeblich. Wer mit jungen Arbeitnehmerinnen und Arbeitnehmern arbeitet, ist vollständig auf das eigene Fingerspitzengefühl und eigene Alltagsbeobachtungen angewiesen. Diese wiederum stehen häufig in krassem Gegensatz zu gerade ausgerufenen Trends. Was also tun?

Um diesem unbefriedigenden Zustand abzuhelfen, hat die IG Metall Baden-Württemberg gemeinsam mit der Abteilung Jugend beim IG Metall-Vorstand 1999 ein umfangreiches Projekt mit zwei großen Schwerpunkten gestartet. Einerseits wurde in Kooperation mit der Universität Tübingen eine repräsentative Untersuchung über neue Orientierungen und Engagementformen junger Arbeitnehmer/-innen durchgeführt. Diese Studie ist unter dem Titel „IG-Metall-Jugendstudie" erschienen, über die wichtigsten Ergebnisse wird auch in diesem Buch informiert. Andererseits, und darauf beziehen sich die in diesem Buch versammelten Aufsätze, wurden ganz neue Formen von Jugendarbeit in der IG Metall bzw. Innovationen für deren bewährte Konzepte entwickelt und systematisch überprüft. Die in der IG-Metall-Jugendstudie erzielten Zwischenergebnisse und zeitgemäße Formen pädagogischer Forschung wurden dabei berücksichtigt.

Die These, die allen in diesem Buch versammelten Überlegungen zugrunde lag, wird von allen seriösen Jugenduntersuchungen, auch der IG-Metall-Jugendstudie, bestätigt. *Die Jugend* gibt es nicht mehr, auch keinen Generationstyp, vielmehr sind Jugendliche heute vielfältig sozial aufgespalten, woraus sich ebenso vielfältige Orientierungs- und Engagementformen ergeben. Es gilt deshalb für die Jugendarbeit der IG Metall, bei einem gleichzeitigen fundamentalen Wandel in der Metallwirtschaft, der z. B. durch einen stetigen Rückgang klassischer Produktionsarbeitsplätze gekennzeichnet ist, gesellschaftliche Entwicklungen nachzuvollziehen und spezifische Orientierungen bei Jugendlichen zu berücksichtigen.

Entsprechend dieser Erkenntnis ist von den Autorinnen und Autoren dieses Buches eine Vielfalt an Ideen und Konzepten entwickelt worden. Sie alle sind Praktiker/-innen gewerkschaftlicher Jugendarbeit auf örtlicher Ebene, im Bezirk oder beim Vorstand der IG Metall. So konnten alle Konzepte in der praktischen Umsetzung vor Ort auf ihre Tauglichkeit hin überprüft werden. Die hier niedergeschriebenen Erfahrungen zeigen, dass die innerhalb der IG Metall immer gepflegte Wechselwirkung zwischen Theorie und Praxis auch heute spannende Ergebnisse hervorzubringen vermag. Dies soll neben der Vermittlung von Erkenntnissen auch ganz praktisch Mut machen, das Wagnis Jugendarbeit in den Gewerkschaften selbstbewusst anzupacken. Vorab: Die Voraussetzungen sind wesentlich besser, als vielfach in den Medien behauptet wird!

Ebenso wie der Jugendarbeit in den Gewerkschaften wurde der Jugendverbandsarbeit generell schon häufiger das Ende vorhergesagt. Auch dazu bietet diese Buch Ergebnisse, die dieser vorschnellen Prophezeiung so gar nicht entsprechen! Ganz in diesem Sinn wünschen wir allen Theoretikern und Praktikern, die nach wie vor vom Sinn organisierter Jugendarbeit überzeugt sind, viel Vergnügen beim Lesen!

Erwin Vitt   Berthold Huber
Geschäftsführendes   Bezirksleiter der
Vorstandsmitglied   IG Metall
der IG Metall   Baden-Württemberg

Jugendarbeit ist in der IG Metall ein strategischer Faktor, so weit die Beschlusslage. Was aber ist damit konkret gemeint und vor allem, welche Konsequenzen erwachsen daraus? Der Reihe nach.

Die Bezeichnung „strategischer Faktor" bringt zum Ausdruck, dass für eine erfolgreiche Gewerkschaftsarbeit u. a. eine gut funktionierende Jugendarbeit Voraussetzung und Bedingung ist. Damit wird gewerkschaftliche Jugendarbeit zu einem wichtigen Ziel und einer zentralen Aufgabe für die gesamte Organisation.

Was zeichnet nun aber eine gut funktionierende gewerkschaftliche Jugendarbeit aus? Wie lässt sich eine erfolgreiche gewerkschaftliche Jugendarbeit organisieren und gestalten? Was sind die Kriterien, die eine gute Jugendarbeit charakterisieren und wie lassen sich diese in der alltäglichen Gewerkschaftsarbeit umsetzen?

Derartige Fragen sind nicht einfach zu beantworten. Es gibt zwar innerhalb der IG Metall zahlreiche – positive wie negative – Erfahrungen, aber diese sind im Großen und Ganzen wenig reflektiert und systematisiert [1]. Und auch in der Pädagogik beschäftigt man sich allenfalls am Rande mit gewerkschaftlicher Jugendarbeit. Deshalb verfolgen wir mit diesem Buchprojekt den Anspruch, eine zeitgemäße Konzeption gewerkschaftlicher Jugendarbeit zu entwerfen bzw. Anregun-

---

1 Während in der Jugendbildungsarbeit der IG Metall eine Rahmenkonzeption vorliegt, ist eine solche für die gewerkschaftliche Jugendarbeit noch nirgendwo zusammengefasst und dokumentiert. Dieses Buch versteht sich insofern als Anschluss und Erweiterung bestehender Konzeptionen.

gen zur Konzeptentwicklung der jeweils eigenen Jugendarbeit zu geben. Darin sollen sich die vielfältigen praktischen Erfahrungen genauso wiederfinden, wie die aktuellen Fachdiskussionen zur Jugendarbeit und Jugendforschung.

Garant der Einlösung des Praxisbezugs ist die Tatsache, dass dieses Buch von Praktikern der gewerkschaftlichen Jugendarbeit geschrieben wurde. Die Autoren sind auf unterschiedlichen Ebenen mit gewerkschaftlicher Jugendarbeit befasst.

Im folgenden Kapitel werden wir zunächst die Ergebnisse der IG-Metall-Jugendstudie sowie Ansätze aus der Fachdiskussion darlegen, um daraus in den Abschnitten 2.2 und 2.3 Kriterien für eine zeitgemäße Konzeption gewerkschaftlicher Jugendarbeit herauszuarbeiten. In den folgenden Kapiteln dieses Buchs werden dann Aspekte aus der Praxis gewerkschaftlicher Jugendarbeit thematisiert. Es handelt sich dabei um Aspekte, denen wir in der Auseinandersetzung mit der im Kapitel 2 dargestellten Konzeption Bedeutung beimessen. Da der vorgestellte Ansatz gewerkschaftlicher Jugendarbeit nicht am grünen Tisch entstanden ist, handelt es sich gleichzeitig um praktische Beispiele und Illustrationen.

Zugänge   **2.1**

Was den „theoretisch-sozialwissenschaftlichen" Zugang zur gewerkschaftlichen Jugendarbeit betrifft, so fließen in unsere Konzeptentwicklung zum einen die Ergebnisse eines von der IG Metall initiierten und in Auftrag gegebenen Jugendforschungsprojektes ein. Zum anderen finden aktuelle pädagogische Fachdiskussionen ihren Platz, die daraufhin überprüft werden sollen, inwieweit sie für die gewerkschaftliche Jugendarbeit fruchtbar gemacht werden können.

Seit 1999 führt die IG Metall zusammen mit der Universität Tübingen ein Jugendforschungsprojekt durch, das neue Orientierungen und Engagementformen bei jugendlichen Arbeitnehmer/-innen und ihre Bedeutung für die Jugendarbeit untersucht. Ausgangspunkt für die Initiierung war die Erfahrung, dass sich Jugendliche nicht mehr in dem Umfang und in der Selbstverständlichkeit für eine Gewerkschaftsmitgliedschaft und gewerkschaftliches Engagement gewinnen lassen, wie dies noch vor einigen Jahren der Fall war.

Neue Orientierungen und Formen des Engagements jugendlicher Arbeitnehmerinnen und Arbeitnehmer – das Jugendforschungsprojekt der IG Metall

Es ist für die IG Metall eine Zukunftsfrage, wie Jugendliche sich orientieren, ob und wie sie sich in und für die Gewerkschaft engagieren. Zur Beantwortung dieser Frage wurden 1042 Jugendliche aus Industrie und Handwerk in ganz Deutschland mittels Fragebogen interviewt; in die Auswertung wurden 35 Einzel- und 5 Gruppeninterviews mit einbezogen. Ferner wurden verschiedene Aktionen und Veranstaltungen der IG Metall beobachtet, analysiert und im Film „Man kann alles verändern" zusammengefasst.

Die Ergebnisse des Forschungsprojektes werden als „IG-Metall-Jugendstudie" im Laufe des Jahres 2002 veröffentlicht.

Ausschnitte aus der pädagogischen Fachdiskussion

Was die pädagogische Fachdiskussion betrifft, so gibt es in Bezug auf Jugendarbeit die vielfältigsten Ansätze und fast unzählige Publikationen. Diese sind aber nur bedingt auf die gewerkschaftliche Jugendarbeit beziehbar. Das ist möglicherweise deshalb der Fall, weil sich die hinlänglich diskutierten Jugendarbeitskonzepte den Jugendlichen von der Sicht eines Sozialarbeiters/Jugendgruppenleiters aus nähern und z. B. danach fragen, wie die „Räume" und das „Angebot", etwa eines Jugendhauses, aussehen sollen. Zu einer Besonderheit gewerkschaftlicher Jugendarbeit gehört es nun aber, dass sie in hohem Maße ehrenamtlich getragen und von jugendlichen Mitgliedern selbst organisiert ist. Ferner verfolgt gewerkschaftliche Jugendarbeit nicht ein primär pädagogisches Ziel; es ist in der IG Metall geradezu gewollt, dass sich die Jugendlichen *nicht* auf irgendwelchen Spielwiesen tummeln. Jugendliche sind zwar eine eigene „Personengruppe", aber auch integraler Bestandteil der Gesamtorganisation; sie formulieren ihre Positionen und Ansprüche und engagieren sich für deren Durchsetzung.

Dennoch werden wir nachfolgend drei Ansätze vorstellen, von denen wir denken, dass sie die gewerkschaftliche Jugendarbeit bereichern können. Dazu gehört die sozialräumliche Jugendarbeit, der pädagogische Konstruktivismus und die subjektwissenschaftliche Jugendforschung. Auch wenn es sich um jeweils drei eigene, unabhängig voneinander bestehende Ansätze handelt, lassen sie sich unserer Meinung nach gut in einer Theorie gewerkschaftlicher Jugendarbeit zusammenführen.

Die Konzeptionen stehen unserer Meinung nach in einem Ergänzungsverhältnis zueinander. Wir wollen deshalb nachfolgend nicht die Unterschiede zwischen ihnen fokussieren, sondern die unserer Meinung nach widerspruchsfreien Aspekte in ein Konzept gewerkschaftlicher Jugendarbeit integrieren.

Nachfolgend sollen einige Aspekte der IG-Metall-Jugendstudie kurz skizziert und ihre Bedeutung für die Jugendarbeit herausgearbeitet werden.

Einer der zentralen Bezugspunkte von Gewerkschaftsarbeit ist der Betrieb. Insofern besitzt die Frage, welche Bedeutung die Jugendlichen *Arbeit und Beruf* beimessen, ganz unmittelbare Relevanz.

Stellenwert von Arbeit und Beruf

Die Ergebnisse der IG-Metall-Jugendstudie zeigen, dass Arbeit und Beruf bei den Jugendlichen einen hohen Stellenwert besitzen und stärker als die Freizeit gewichtet werden. Für über 50 % steht der Beruf deutlich im Vordergrund.

Jugendliche beschäftigen sich auch in ihrer Freizeit mit Themen aus Arbeit und Beruf, zum Teil, weil sie die Arbeit so interessant finden, zum Teil aber auch, weil die Anforderungen so hoch sind.

Für die Jugendlichen spielt ihre *berufliche Integration* eine zunehmend wichtigere Rolle. Dies scheint eine gute Voraussetzung dafür, dass die Gewerkschaften in ihr Blickfeld geraten, zumal die Notwendigkeit von Gewerkschaften außer Frage steht: 95 % der Befragten erwarten sich von ihr „das Aushandeln von Arbeitsbedingungen", 93 % die „Verbesserung der Qualität der Ausbildung" und 88 % „Schutz vor Willkür im Betrieb". „Auch alle anderen Aufgaben, die die Gewerkschaften übernommen haben, werden von einer Mehrheit für wichtig gehalten – mit Ausnahme der „politischen Bildung". Für letztere hat sich keine Mehrheit gefunden. Einig sind sich die Jugendlichen dagegen, dass die Jugendarbeit der Gewerkschaft wichtig ist (81 %)." (Held/Bibouche, 2001, S. 2)

Was die Jugendlichen von den Gewerkschaften erwarten

Die Jugendlichen erwarten von der IG Metall also nicht neue, innovative, sondern eher traditionelle Angebote. „Die ureigenste Aufgabe der Gewerkschaften, für die Verbesserung der Arbeitsbedingungen zu kämpfen, wird von den Jugendlichen vor allem für wichtig gehalten. Jugendliche wünschen sich an erster Stelle für die gewerkschaftliche Jugendarbeit, dass Veranstaltungen zu Problemen in der Arbeitswelt durchgeführt werden." (Ebenda)

Der Wunsch nach beruflicher Integration und die Bedeutung, die die Jugendlichen Arbeit und Beruf beimessen, schließt Entwicklungsmöglichkeiten außerhalb des jetzigen Berufs nicht grundsätzlich aus – im Gegenteil: Lange an einem Platz zu bleiben wird als Stillstand und lähmende Stagnation empfunden. 46 % der Befragten streben im Unternehmen, in dem sie ausgebildet werden, eine Tätigkeit im erlernten Beruf an, der Rest will etwas anderes machen bzw. woanders weitermachen.

Diskontinuität: Lineare, kontinuierliche Berufsverläufe sind kaum noch zu erwarten.

Die hohe Flexibilität im Beruf korrespondiert mit Flexibilität auch in anderen Lebensbereichen. Die Ergebnisse der IG Metall-Studie zeigen, dass die lebenslange, lineare, kontinuierliche Entwicklung kaum noch als realistisch oder wünschenswert empfunden wird. Die Zukunftsorientierung heißt *Diskontinuität*. „In der Konsequenz ist bei den Zukunftsplänen der Jugendlichen bei fast allen mindestens ein Bruch geplant, prophezeit oder befürchtet, eine andere Ausbildung, Auswanderung, Berufswechsel etc. Die Planung der persönlichen Entwicklung bis zur Rente oder Ruhestand kam in keinem Interview vor." (Ebenda)

Temporäre Identifikationen = zeitweilige Identifikationen

In diesem Kontext entstehen *temporäre Identifikationen*. Auch wenn man weiß, dass Bindungen im Rahmen der neuen Mobilität und Diskontinuität nicht von Dauer sind, entstehen dennoch Identifikationen, die allerdings nicht von Dauer sein müssen. Temporäre Identifikationen sind jeder Zeit revidierbar bzw. ersetzbar. Das kann auch das gewerkschaftliche Engagement betreffen. Längerfristige Verbindlichkeiten und feste Positionen sind eher die Ausnahme. Mit der temporären Identifikation verbinden sich vielmehr wechselnde Bindungen und Orientierungen. Man ist bereit und gezwungen – nicht zuletzt um sich im Sinne einer reibungslosen Integration an die sich schnell ändernden und wechselnden Anforderungen anzupassen – ständig neu zu positionieren. Dies steht in engem Zusammenhang mit *widersprüchlichen politischen Orientierungen*. Einerseits finden – so die IG-Metall-Jugendstudie – z. B. Werte wie Demokratie eine hohe Akzeptanz; gleichzeitig wird aber auch einem Autoritarismus zugestimmt, etwa wenn die Autorität als unabdingbare Voraussetzung für reibungslose Abläufe bewertet wird.

Bezüglich des Freizeitverhaltens kommt die IG-Metall-Jugendstudie zu folgenden empirischen Ergebnissen: Neben der hohen Bedeutung, die der Beruf auch in der Freizeit hat, stehen gemeinsame Aktivitäten mit Freunden an erster Stelle. Bei Jugendlichen mit hohen Berufsanforderungen dominiert ein anspruchsloses (z. B. mit Freunden „Rumhängen") oder verdichtetes (z. B. Technoparties oder Events) Freizeitverhalten.

Ein weiteres für die Gewerkschaften wichtiges Themenfeld ergibt sich aus ihrem Anspruch, Politik zu gestalten. Insofern nahmen in der Jugendstudie auch Fragen zum Politikverständnis und den politischen Orientierungen der Jugendlichen entsprechenden Raum ein.

Das Politikverständnis der Jugendlichen ist ein eher enges, nach dem Motto, Politik ist ausschließlich das, was die Politiker machen. Politik wird auf der Grundlage dieses Politikverständnisses abgelehnt. Die Tübinger Jugendforscher sprechen hier von Politikverleugnung, die unterschiedliche Motive haben kann. Auffällig sei geradezu die Verleugnung eines politischen Standpunkts. Man will sich nicht festlegen und man will mit „Politik" nichts zu tun haben.

Dies bestätigen auch die Antworten zum politischen Standpunkt (links-rechts-Skala): 60 % der Befragten verordnen sich in der Mitte (links: 6 %, eher links als rechts 8 %, eher rechts als links 9 %, weiß ich noch nicht 14 %).

Sich in der Mitte einzuordnen, kann für die Jugendlichen durchaus funktional sein. „Alle etablierten Parteien der Bundesrepublik tummeln sich entweder in der Mitte oder definieren sie für sich um als den einzigen Punkt, von dem aus Demokratie, Innovation und Fortschritt möglich ist. Jede Art von Abweichung kommt einer Ideologisierung gleich und wird deswegen verpönt. In einer Welt ohne politische Blöcke ist man eben weder rechts noch links, sondern vorne. Die Jugendlichen passen sich dieser Entwicklung an, weil sie integriert sein wollen und sich alle Optionen offen halten möchten." (Ebenda)

„Die Politik den Politikern" könnte die Parole der Jugendlichen sein. „Es ist erstaunlich, mit welcher Hartnäckigkeit die Absage an die Politik in all ihren möglichen Variationen sich in unseren Interviews wiederholte. Das trifft sogar für Jugendliche mit hohem politischen Bewusstsein und Engagement zu." (Ebenda)

Auch wenn die Jugendlichen über ein differenziertes Wissen über die Parteienlandschaft, die politischen Verhältnisse und wofür oder wogegen sie sind verfügen, so läuft dies alles nicht unter dem Prädikat Politik. Die Forscher berichten von Gesprächen mit Gewerkschaftsjugendlichen, die an politischen Handlungen teilnehmen und politische Aussagen zu Themen wie Europa, Steuerreform etc. formulieren, für sich selbst aber die Bezeichnung „politischer Mensch" verweigern.

Geringes Wissen über Gewerkschaften

Daneben wurde – wenn auch nicht sehr häufig – eine Art politische Verwahrlosung, eine nicht vorhandene politische Bildung, festgestellt. Dies trifft auch auf das teilweise geringe Wissen über Gewerkschaften zu. Oft werden sie mit anderen Organisationen oder Institutionen verwechselt oder auf ihre Überwachungsfunktion, Regelungen für die Ausbildung etc. reduziert.

„Wir fragten die Jugendlichen, warum sie nicht in den Gewerkschaften aktiv sind. Zwei Drittel der Jugendlichen begründeten dies damit, dass sie zu wenig über die Gewerkschaften wissen und weniger als ein Drittel begründete es mit der Aussage „ich halte nicht viel von den Gewerkschaften". Offenbar gibt es eher ein Informationsdefizit als eine Ablehnung. Darauf weist auch hin, dass zwei Drittel der nichtorganisierten Jugendlichen sich „noch nicht überlegt" haben, warum sie nicht in den Gewerkschaften aktiv sind.

„Das Wissen über die Gewerkschaften ist dramatisch gering, wie wir vor allem in den Interviews feststellen konnten. [...] Wenn überhaupt ein Wissen in Bezug auf die Gewerkschaften vorhanden war, dann kam es nicht von den Gewerkschaften selbst, sondern aus dem Sozialkundeunterricht. Die Antworten hatten deshalb auch den Charakter von angelerntem Schulwissen, das keine praktische Bedeutung für die Jugendlichen hat. Wir kamen zu der Ansicht, dass die Gewerkschaften ihrer Informationspflicht stärker nachkommen müssten." (Ebenda) Das verweist u. a. auf die Intensivierung entsprechender Informations- und Mitgliederwerbestrategien, die immer auch verbunden sind mit der Aufklärung über die Aufgaben und Funktionen von Gewerkschaften, Betriebsrat sowie Jugend- und Auszubildendenvertretung.

Wenden wir uns nun der für die gewerkschaftliche Jugendarbeit spannenderen Frage zu, welche Bedeutung die Jugendlichen dem Engagement in Organisationen beimessen.

Im Kontext der Individualisierungsdebatte wurde ja hinlänglich das Ende von großen Organisationen, u. a. der Gewerkschaften, prophezeit. Aber genau wie die Shell-Jugendstudie 2000 konnte auch die IG-Metall-Jugendstudie feststellen, dass nicht die Ab-, sondern umgekehrt die Hinwendung zu Organisationen Realität ist. Die Jugendlichen engagieren sich in einem festen Rahmen, wollen darin aber etwas für sich selbst machen, Spaß dabei haben. Das steht überhaupt nicht im Widerspruch zu den bevorzugten traditionellen Strukturen. Unsere Erfahrungen zeigen, dass die Arbeit in Strukturen mit Sitzungen, Besprechungen u. dgl. dann akzeptiert und sogar befürwortet wird, wenn dies sinnvoll und nützlich erscheint. Gleichwohl wäre es falsch, die gewerkschaftliche Jugendarbeit darauf reduzieren zu wollen.

Tradititionelle Engagmentfelder werden bevorzugt – Selbstentfaltung in Organisationen

Bezüglich der neuen Engagementfelder, z. B. Bürgerinitiativen, besteht nur geringes Interesse. Und selbst die heutigen Jugendszenen sind für die Jugendlichen keine Alternative zur Mitgliedschaft in Organisationen. Nur ein Teil ist in Jugendszenen aktiv (40 % der befragten Gewerkschaftsmitglieder, aber nur 30 % der Nichtmitglieder), und wenn, ist dies kein Ausschlusskriterium für eine Gewerkschaftsmitgliedschaft.

„Jugendliche akzeptieren Organisationen wieder, orientieren sich allerdings dabei an so genannten *Selbstentfaltungswerten*, welche auch die Angst vor der Vereinnahmung erklären. Man ist nicht nur pflichtmäßig für die Organisation da, sondern man versucht möglichst viel selber davon zu haben. Statt Idealismus ist bei den Jugendlichen Realismus angesagt." (Ebenda) Man möchte sich also nicht nur selbstlos und uneigennützig aufopfern, sondern auch was vom Engagement haben. Die IG Metall bzw. die IG Metall-Jugendarbeit wird als Chance gesehen, etwas für die eigenen Interessen zu tun; d. h., die Organisation soll für den eigenen Kompetenzgewinn genutzt werden.

Insofern ist es auch erklärbar, dass es einen großen Wunsch nach *Mitgestaltung* in der Organisation gibt.

Die Jugendlichen wünschen sich von den Gewerkschaften an erster Stelle, dass „jeder/jede gleichberechtigt mitentscheiden" kann. Gleich an zweiter Stelle plädieren sie dafür, dass „man auch kurze Zeit und ohne weitere Verpflichtung mitarbeiten" kann.

Außerdem besteht ein hohes Interesse an einem informellen Austausch, der nicht ausschließlich von Programmen und Tagesordnungen strukturiert wird.

Beim Engagement, das man von Jugendlichen erwartet, gilt es zu berücksichtigen, dass die tatsächlich frei verfügbare Zeit eher knapp bemessen ist. Insofern ist zumindest teilweise erklärbar, dass Selbstentfaltungswerte, die Beteiligung von Freunden und der Stellenwert des Spaßes beim Freizeitverhalten der Jugendlichen eine so große Rolle spielen.

Der IG-Metall-Jugendstudie folgend zeigen sich neue, bisher kaum diskutierte Werte:

Insgesamt dominiert ein *Pragmatismus* nach dem Motto: Wo ist was zu tun? Hier gibt es für die Gewerkschaftsarbeit, die durchweg handlungs- und umsetzungsorientiert ist, gute Anknüpfungspunkte. Ein Beispiel dafür ist die Kampagne „Ausbildung – Investition in die Zukunft": Die Qualität der

Ausbildung wurde analysiert und die Ergebnisse waren Grundlage für ganz konkrete Aktionen zur Verbesserung der Ausbildungssituation im Betrieb und in der Berufsschule. Es war ein Thema, das für die Jugendlichen hohe Bedeutung hatte und aufgrund der politischen und betriebsverfassungsrechtlichen Gegebenheiten auch sehr starke Praxisbezüge und Umsetzungsmöglichkeiten aufwies. Die Aktion hat bei den beteiligten Jugendlichen ein hohes Maß an Motivation und Engagement ausgelöst.

Mit dem Pragmatismus korrespondiert ein *positiver Weltbezug*, d. h., Handlungen und Engagement resultieren weniger aus Kritik. Damit sind Aktionen – wie die Kampagne „Ausbildung – Investition in die Zukunft" gezeigt hat – nicht weniger kritisch; lediglich die Motivation für das Handeln und der Zugang ist eine anderer. Natürlich sind die konkreten Visionen für eine gute Ausbildung zu irgendeinem Zeitpunkt immer auch mit der kritischen Bewertung der gegenwärtigen Praxis verbunden.

Positiver Weltbezug

Bei den Interviews im Rahmen der IG-Metall-Jugendstudie dominierte eindeutig die positive Stimmung in Bezug auf die persönliche Zukunft, auch wenn die gesellschaftliche Zukunft eher skeptisch gesehen wird. Die Dominanz eines positiven Weltbezugs gegenüber einem kritischen wird man – ob man dies nun gut oder schlecht findet – zur Kenntnis nehmen müssen. Zum Teil ist dies bereits in aktuellen IG Metall-Kampagnen berücksichtigt, etwa in der Aktion der IG Metall-Jugend „Her mit dem schönen Leben", bei der die Jugendlichen ganz (selbst)bewusst eigene Ansprüche an Arbeit und Leben formuliert haben (positiver Zugang) und daran die gegenwärtige Praxis gemessen haben.

Zur Kampagne "Ausbildung – Investition in die Zukunft" vgl. Kapitel 4., Seite 63

Noch stärker als die Zukunftsorientierung wird von den Jugendlichen die Gegenwartsorientierung, oder wie Held/Bibouche es nennen, eine *Unmittelbarkeitsfixierung* favorisiert. „Die Jugendlichen versuchen auf der einen Seite ihren Alltag zu bewältigen und konzentrieren sich auch dementsprechend auf die Gegenwart, sie erwarten auf der anderen Seite von der Politik und den Politikern, dass sie sich vorwiegend um die Gegenwart kümmern." (Ebenda)

Unmittelbarkeitsfixierung

Als weiteren neuen Wert identifiziert die Tübinger Jugendforschung *Professionalität*. Professionalität besitzt einen
Wert an sich. Wenn die Jugendlichen etwas tun, dann soll
das professionell geschehen. „Nicht politisches Bewusstsein,
kritische Haltung, gesellschaftliches Engagement sind angesagt, sondern Kommunikationsfähigkeit, sicheres Auftreten,
Präsentation, Geschmack und Flexibilität. Diese Schlüsselqualifikationen wurden zu den Säulen der Professionalität."
(Ebenda)

Ein weiterer neuer Wert lässt sich unter *Emotionalität* zusammenfassen, einem ganz eigenen Lebensgefühl „IG Metall". Das kommt einem ganzheitlichen Ansatz entgegen. Die
Jugendlichen wollen nicht nur rationale Entscheidungen (für
oder gegen eine bestimmte inhaltliche Position) treffen, sie
wollen nicht nur kognizieren, sondern sie wollen auch etwas
erleben. Das muss nicht bedeuten, dass dieses Erleben in-
haltslos sein muss. Aber IG Metall-Jugend heißt auch – so fast
durchweg alle der befragten aktiven Jugendlichen – ein bestimmtes Lebensgefühl, das bei Aktionen, Kampagnen, aber
auch beim gemeinsamen Feiern und kommunikativen Bei-
sammensein erfahrbar wird.

2.1.2 Pädagogische Konzepte der Jugendarbeit

2.1.2.1 Sozialräumliche Jugendarbeit

Der sozialräumlichen Konzeptentwicklung gehen zwei
Schritte voraus: (1) Die Analyse der Lebenswelt von Jugendlichen und (2) die Analyse von Möglichkeiten und Angeboten, wie sie die Jugendarbeit bietet. Beide Schritte liefern
Hinweise und Ansatzpunkte für eine konzeptionelle Differenzierung.

Ein *erster Schritt* besteht darin, sich unabhängig von Vorgaben, Rahmenbedingungen und Zielen der Jugendarbeit
ein Bild von den Orten und Räumen der Jugendlichen und
deren Qualitäten, Einschränkungen und Möglichkeiten zu
machen.

Ziel einer solchen Lebensweltanalyse ist es, einen qualitativen Einblick in die Lebenswelt von Jugendlichen eines bestimmten Sozialraumes zu bekommen.

Hierzu sind Orte und Räume von Jugendlichen im Stadtteil näher zu beschreiben: Wo halten sich Jugendliche auf? Wie halten sie sich dort auf (alleine, Gruppe, Clique)? Was tun sie dort (Thema, heimliches Thema, Tätigkeit)? Welche Erfahrungen können sie dort machen? Welche Rolle spielen Erwachsene? Wie sind Sprache, Symbole, Musik, jugendkulturelle Stile, Interessen, Mobilität, Abgrenzungen gegenüber anderen Cliquen, Konsumpraxis etc.?

Es geht zusammengefasst um die Frage, wie Jugendliche ihre konkrete Umgebung erleben und wie sie darin ihr Leben führen.

Methoden der Lebenswelt-/Sozialraumanalyse sind beispielsweise: Fremdbilderkundung anhand von Interviews mit Anwohnern und Passanten, Interviews mit Schlüsselpersonen, Beobachtung, Stadtteilerkundung mit Schlüsselpersonen, Cliquenportrait (Beschreibung: Größe, Alter, Geschlecht, Familie, Nationalität, soziale Herkunft, Outfit, Geld, Zeit).

Der *zweite Schritt* sozialräumlicher Konzeptentwicklung besteht aus einer Analyse von Räumen der Jugendarbeit und den damit verbundenen Aneignungsmöglichkeiten. Es ist danach zu fragen, wie Jugendliche die Angebote und Räume der Jugendarbeit als Bestandteile ihrer Lebenswelt sehen und welchen Stellenwert, welche Bedeutungen und Funktionen diesen Einrichtungen und Angeboten beigemessen wird („Gebrauchswert"), welche Aneignungsmöglichkeiten Jugendliche vorfinden.

Analyse von Möglichkeiten und Angeboten der Jugendarbeit

Der Raumbegriff wird in der sozialräumlichen Jugendarbeit in erster Linie gegenständlich gebraucht (z. B. in Bezug auf die Gestaltung von Räumen eines Jugendhauses).

Räume im übertragenen Sinne

Unter Bezugnahme auf die Cultural Studies [2] verstehen wir „Raum" umfassend. Räume haben nicht nur gegenständliche Bedeutung. Im Unterschied zur sozialräumlichen Jugendarbeit hat für uns „Raum" eine metaphorische Bedeutung (i. S. von Erfahrungs-, Handlungs-, Spielraum etc.) und nicht so sehr eine ökologische.

Deshalb geht es uns bei der Konzeptentwicklung nicht darum, beispielsweise einen Jugendraum als Aneignungsraum im wahrsten Sinne des Wortes zu gestalten, als vielmehr die gewerkschaftliche Jugendarbeit mit anregenden Aneignungsqualitäten zu versehen. Es geht darum, dass die Jugendlichen ihren Erfahrungsraum erweitern und sie sich dadurch neue Erfahrungen ermöglichen. Aneignungs-, Aktivierungs- und Gestaltungsmöglichkeiten sollten auf möglichst vielen Ebenen geschaffen und entwickelt werden.

Aneignung als Eigentätigkeit ist nicht nur in Angebotssituationen möglich, sondern vor allem in von Jugendlichen selbst bestimmen Themen, Inhalten und Formen. So geht es auch nach Deinet gerade darum, *Situationsveränderungen* möglich zu machen, möglichst viele Situationen zuzulassen, die ungeplant zustande kommen oder verändert werden können. Aneignung ist nicht Anpassung, sondern *Gestaltung* und Veränderung. Die Veränderung von Räumen und Situationen ist eine spezifische Aneignungstätigkeit von Jugendlichen, in der sie ein hohes Maß an Eigentätigkeit entwickeln.

2 Der Aneignungsbegriff der Cultural Studies unterscheidet zwischen Ort und Raum. So stellt in der Begrifflichkeit de Certeaus beispielsweise eine Mietwohnung einen Ort dar. Es handelt sich hierbei um einen Teil eines Gebäudes mit einem klar umgrenzten materiellen Bereich. Derjenige, der die Mietwohnung bewohnt, gestaltet sich diese nach seinem Stil und konstruiert hierdurch einen (Wohn-)Raum, der für ihn sein Zuhause ist. Ein solches Verhältnis zwischen bestehenden Orten und angeeigneten Räumen besteht auf vielen Ebenen des Alltagslebens. So ist die Stadt ein spezifischer Ort, der durch die dort Lebenden in eigene Räume verwandelt wird. Aber auch die Lektüre ist „ein Raum, der durch den praktischen Umgang mit einem Ort entsteht, den ein Zeichensystem – etwas Geschriebenes bildet" (de Certeau 1988, S. 218). In der Begrifflichkeit de Certeaus stellen also auch Texte Orte dar, deren Aneignung bestimmte 'Räume' eröffnet." (Hepp 1998, S. 36) Analog wäre zu fragen, wie aus dem Ort „IG Metall" für die Jugendlichen Räume und weiter, wie aus Sozialräumen Handlungsräume werden können. Jugendliche machen sich fremde Orte zu eigen, erschließen sich deren Bedeutung und die Möglichkeiten die darin liegen und vergrößern damit ihren Horizont im Sinne einer Verbreiterung ihres Handlungsrepertoires.

Situationsveränderungen zulassen und möglich zu machen erfordert von den Jugendarbeitern, flexibel zu sein, um auf Situationsbildungen durch die Jugendlichen eingehen zu können.

Trotz unserer metaphorischen Bedeutung des Raums, halten wir die Aneignungsqualitäten, die Deinet (S. 112) in Bezug auf die sozialräumlichen Gestaltung eines Jugendhauses beschreibt, für unsere Zwecke übertragbar. Handlungs- und Möglichkeitsräume sollten (1) Aufforderungscharakter besitzen und motivierend wirken, (2) erlebnisorientiert und stimulierend sein, (3) Kreativität fördern, (4) Raum für körperliches Agieren und konkretes Handeln lassen, (5) Veränderbarkeit ermöglichen, (6) Beteiligung und Mitbestimmung realisieren, (7) neue Erfahrungen/Erweiterung des Horizonts möglich machen und gleichzeitig (8) ein Zurückziehen, erlauben und schließlich (9) insgesamt Spuren hinterlassen und sich abbilden.

Der Konstruktivismus in der Pädagogik 2.1.2.2

Gegenwärtig wird in Teilbereichen der Pädagogik – etwa in der Didaktik, der Weiterbildung, der Erwachsenenbildung – eine Diskussion um die Bedeutung und Konsequenzen des Konstruktivismus geführt. Wir halten diese Diskussionen für spannend. In ihr finden sich theoretische Zusammenhänge, die auch der gewerkschaftlichen Jugendarbeit wertvolle Anstöße geben können.

Der Konstruktivismus als Erkenntnistheorie geht davon aus, dass uns die Realität unzugänglich ist. Die Menschen könnten die Welt nur im Rahmen ihrer Erkenntnismöglichkeiten und Anschauungsformen erkennen. Impulse von außen werden auf der Grundlage biografisch geprägter Erfahrungen sowie kognitiver und emotionaler Strukturen, umgewandelt. Die so erzeugte Wirklichkeit sei keine Repräsentation, keine Abbildung der Außenwelt, sondern eine funktionale Konstruktion, die von anderen Menschen geteilt wird und die sich biografisch und gattungsgeschichtlich als lebensdienlich/praktikabel erwiesen hat. Grundlage des Konstruktivismus

Konstruktivismus als Erkenntnistheorie

ist ein Pragmatismus: Erkennen hat lebensdienliche (viable) Handlungen zum Ziel.

Im Folgenden soll es nicht um die erkenntnistheoretische Auseinandersetzung mit der Konstruktivismusdiskussion gehen, sondern – ganz i. S. eines konstruktivistischen Pragmatismus – um die Darstellung der pädagogischen Konsequenzen eines solchen Paradigmas. Dabei beziehen wir uns auf das Buch „Pädagogischer Konstruktivismus", in dem Horst Siebert eine Bilanz der Konstruktivismusdiskussion für die Praxis der Erwachsenenbildung zieht. Ich konzentriere mich nachfolgend auf einige Schlüsselbegriffe, die auf der Grundlage des Konstruktivismus nachhaltige Lernleistungen begründen.

Subjektive Relevanz

Der Mensch ist von außen prinzipiell nicht gezielt beeinflussbar. Die Fragestellungen, die beispielsweise in Seminaren oder in der Jugendarbeit zur Sprache kommen, müssen individuell als bedeutsam, sinnvoll, wichtig wahrgenommen werden.

Was für den einen interessant ist, ist für die andere möglicherweise gleichgültig. Was dem Lehrer wichtig ist, lässt die Schüler oft kalt. Bedeutungen sind individuell und nicht einfach übertragbar. Lehrer können zwar begründen, warum ein Thema wichtig ist, die Bedeutung dieses Themas muss aber jeder Schüler für sich selbst erschließen.

So plädiert der Psychologe Klaus Holzkamp dafür, Lernen nicht länger als eine vom Lehren abhängige Größe zu definieren. Er spricht in diesem Zusammenhang von einem „Lehr-Lern-Kurzschluss"; es ist irrig anzunehmen, dass das, was gelehrt und vermittelt wird, gleichzeitig schon gelernt ist. Auch wenn Holzkamp Subjektwissenschaftler und kein Konstruktivist ist, ist seine Aussage zum „Lehr-Lern-Kurzschluss" ganz im konstruktivistischen Sinne.

Menschen können nicht von außen determiniert, instruiert, belehrt werden; jedes Lernen ist ein selbst gesteuerter Prozess. Infrage gestellt werden damit traditionelle Informationsverarbeitungsmodelle und Instruktionstheorien sowie sozialtechnologische Steuerungstheorien. Wissen lässt sich nicht erzeugen und vermitteln; wir können die Wissensaneignung nur ermöglichen.

Aneignung versus Vermittlung

Eine „Ermöglichungsdidaktik" (Arnold) ist unter konstruktivistischen Gesichtspunkten prinzipiell einer „Belehrungsdidaktik" vorzuziehen, denn der Lehrer erzeugt nicht das Wissen, das in die Köpfe der Schüler soll, er ermöglicht Prozesse der selbsttätigen und selbstständigen Wissenserschließung und Wissen*aneignung*. Im Mittelpunkt steht damit nicht mehr die didaktisch noch so geschickte Aufbereitung „fertigen" Wissensstoffes, sondern die Organisation von aktiven und zielgerichteten Handlungen. Es geht hier um die Ermöglichung selbständiger Lernprozesse. Die „Ermöglichungsdidaktik" fragt also zuerst nach Selbstaneignungs- und Selbsterschließungsaktivitäten der Lernenden, fördert individuelle Lernwege, bezieht lebensweltliche Erfahrungen und Anforderungen mit ein, geht von inhaltlich offenen Lernprozessen aus und verändert die Lehrerrolle in Richtung Lernberater und Lernbegleiter. Einem solchen veränderten didaktischen Blick gelingt es viel eher, das Lernen realistisch(er) zu „konzipieren", nämlich als ein offenes, sich selbst organisiert entwickelndes System.

Ermöglichung versus Belehrung

Anschlussfähigkeit und Rekursivität

Rekursivität meint Rückbezüglichkeit

Das Lernen ist selten ein völliges Neulernen, sondern meist ein „Anschlusslernen". Wissen wird mit früheren Erkenntnissen und Erfahrungen verknüpft. Auch neue Themen werden stets vor dem Hintergrund einer Lernbiografie angeeignet.

Rekursivität des Lernens meint, dass Lernen frühere Lernprozesse voraussetzt, Wissen auf vorhandenem Wissen aufbaut, Erfahrungen an bereits bestehende Erfahrungen anknüpfen.

Daraus ergibt sich als didaktische Konsequenz, dass vorhandene Gedächtnisinhalte aktiviert werden müssen, um neues Wissen verankern zu können, oder allgemeiner formuliert, Teilnehmer da abgeholt werden müssen, wo sie sich gerade befinden.

Für D. Ausubel sind Vorkenntnisse und Erfahrungen der Teilnehmer „Ankerplätze", an denen angeknüpft und wo neues Wissen „verankert" werden kann. Meistens suchen die Lernenden selber nach solchen Ankerunterstützungen.

Viabilität kommt aus dem Lateinischen und meint soviel wie Gangbarkeit/Weg

Viabilität

Es wurde bereits dargelegt, dass Menschen nur lernen, wenn sie selber es für richtig und wichtig halten. Sie revidieren ihre Konstrukte, ihre Sicht von der Wirklichkeit dann, wenn sie ihnen nicht mehr viabel, d. h. praktikabel und lebensdienlich erscheinen.

Was viabel ist, kann kein Lehrer, kein Experte für andere entscheiden. Allerdings kann sich eine Gruppe darüber verständigen, was für sie viabel ist, es können Übereinstimmungen und Differenzen „ausgehandelt" werden. Als viabel erweisen sich diejenigen Wirklichkeitskonstrukte, die konsensfähig sind.

Situierung: Wichtig sind anregende Situationen

Situiertheit

Lernen ist ein aktiver Prozess, der stets in einem bestimmten Kontext, zum Beispiel in einer beruflichen Handlungssituation, eingebunden und damit situativ ist.

Der Konstruktivismus behauptet, dass die eigentliche Funktion der Lehrenden sich darauf konzentriere, Kontexte bereitzustellen.

Für das Leben lernen

„Situiertheit" des Lernens meint, dass Lernen in sozialen Kontexten, in biographischen Lebenssituationen, in spezifischen Lernumgebungen, mit Blick auf lebensweltliche

Verwendungssituationen erfolgt. Damit wird deutlich, dass Situierung auch im Kontext gesellschaftlicher Verhältnisse entsteht und auf Möglichkeiten und Begrenzungen menschlicher Selbstverwirklichung verweist.

Ohne eine „Situierung" bleibt ein erlerntes Wissen träge, oberflächlich und ist damit lebenspraktisch nicht verfügbar.

Allerdings – so merkt Siebert kritisch an – kann die ständige Frage nach der subjektiven Betroffenheit und praktischen Verwertbarkeit eines Themas auch zum Lernhindernis werden. Lernen erfordert mitunter gerade eine Distanzierung von alltäglichen Handlungszwängen. Dennoch gilt: Ohne lebensweltliche Situierung bleibt Wissen träge und oberflächlich.

Unter dem Aspekt der Situierung kommt der Gestaltung der Lernumgebung eine besondere didaktische Bedeutung zu. Wesentlich für lernanregende Situationen ist dabei nicht die Fülle der Reize, sondern der thematische Bezug der Umgebung. In diesem Zusammenhang kann vor allem die Vielfalt der in einer Gruppe vertretenen Erfahrungswirklichkeiten und Perspektiven anregend sein. Voraussetzung ist dabei, dass Fragen, die zu bewertenden Pauschalbeurteilungen auffordern und somit die Neigung zu binären Codierungen (gut – böse, ja – nein, schwarz – weiß) bekräftigen, die einem linearen, statischen, disziplinären und dogmatischen Denken folgen, vermieden werden.

Perturbation und Differenzwahrnehmung

Perturbation meint
Verwirrung, Neugier

Vieles kann so und auch anders betrachtet werden. Wir lernen immer wieder aufs Neue, dass es nicht nur eine Sichtweise, eine richtige Lösung gibt. Perturbation heißt: Die Aufmerksamkeit auf Neues, Ungewöhnliches zu lenken.

Dabei kommt der Differenzwahrnehmung besondere Bedeutung zu. Differenz verweist auf Vielfalt, Pluralität, Widersprüche und die Anerkennung von Unterschieden. Ohne die Wahrnehmung von Differenzen verkümmern die Wirklichkeitskonstruktionen.

Differenzwahrnehmung verdeutlicht die Beobachtungsabhängigkeit von Wirklichkeit, die Einsicht, dass die eigene Perspektive nie die einzige ist.

Differenzen gewährleisten eine Dynamik, eine Offenheit von Wirklichkeiten. Sie fördern Neugier und das Interesse am anderen. Sie provozieren, fordern zum Nachdenken und zur Überprüfung der eigenen Position heraus. Seminare ohne Differenzen sind selten lernintensiv.

Wirklichkeit – so die konstruktivistische Grundauffassung – ist beobachtungsabhängig. Lehrer haben möglicherweise andere Perspektiven als Schüler, Eltern andere als Kinder, Arbeiter andere als Angestellte, Verantwortliche der Jugendarbeit andere als die Jugendlichen selbst. Die verschiedenen Perspektiven basieren auf unterschiedlichen Erfahrungen.

Gelassenheit Der Konstruktivismus legt nicht unbedingt eine neue Methodik des Lehrens nahe, wohl aber eine spezifische pädagogische Haltung. Rolf Arnold hat diese Haltung als Gelassenheit bezeichnet. Damit ist eine Aufgeschlossenheit für Erfahrungen, Sichtweisen, Vorschläge anderer gemeint. Gelassenheit bedeutet, die Eigendynamik in einer Gruppe zuzulassen, nicht für alle Fragen Antworten parat zu haben, schwierige Situationen oder Konflikte gemeinsam mit den Teilnehmer/-innen zu entscheiden, Überraschungen als Bereicherung zu erleben. Diese Haltung ist nicht zu verwechseln mit Orientierungslosigkeit und Beliebigkeit.

Gewerkschaften stehen für etwas, sie haben ein eigenes inhaltlich politisches Profil. Gelassenheit meint, Möglichkeiten zu schaffen und zuzulassen, sich mit diesen Inhalten auseinander zu setzen. Voraussetzung dafür ist, dass dieses inhaltliche Profil auch glaubhaft vertreten wird. Viabilität hat also nichts mit einer scheinbaren Interessensneutralität zu tun.

Gelassenheit und Konstruktivität gehören zusammen. Konstruktivität ist die Überzeugung, dass nicht einer Recht und alle anderen Unrecht haben, sondern dass es mehrere mögliche Deutungen gibt, dass die Viabilität einer Lösung von den individuellen Erfahrungen abhängig ist, dass auch Wissenschaftsdisziplinen nur Modelle der Welt anbieten, dass Irrtümer als Normalfall zur menschlichen Existenz gehören.

In der Bildungsarbeit kann z.B., vor dem Hintergrund konkreter Macht- und Herrschaftsverhältnisse, die Reflexion der eigenen Perspektive und die Verständigung über Schnittmengen und konsensuelle Bereiche der Wirklichkeitskonstruktion gelernt und angeregt werden.

Schlussbetrachtungen zum pädagogischen Konstruktivismus

Es sollte deutlich geworden sein, dass Lehren und Lernen im konstruktivistischen Sinn mehr ist als Wissensvermittlung und Moderation von Diskussionen. Es ist die Gestaltung von anregenden Lernumgebungen, ist Wechsel der Beobachterperspektiven, ist Bereitstellung von unterschiedlichen Lernmaterialien, ist die Schaffung von sozialen Situationen, in denen von- und miteinander gelernt wird. Darüber hinaus ist nachhaltiges, konstruktivistisches Lernen lustbetont, das heißt, es ermutigt, bereitet Freude und macht Spaß.

Eine konstruktivistische Haltung in der Pädagogik setzt auf Seiten der Lehrenden Beobachtungssensibilität und -kompetenz voraus, z. B. die Beobachtung, wie Lernende ihre Wirklichkeiten konstruieren und wie sie ihre Lerninhalte definieren.

Gleichzeitig gilt es, die Programmplanung zu reflektieren. Leitfragen hierzu könnten z. B. sein: Würde ich selbst als Teilnehmer für den angebotenen Kurs/die Angebote der Jugendarbeit Zeit und Energie opfern, auf andere Freizeitbeschäftigungen verzichten? Was müsste passieren, damit ich zufrieden wäre, was würde mich stören? Sind die Themen für die Interessenten anschlussfähig? Lassen sie einen Neuigkeitswert erkennen? Wird die Thematik als relevant wahrgenommen und lässt sie verwendungspraktische Bezüge erkennbar werden?

2.1.2.3   Subjektorientierte Jugendarbeit

Es gibt unseres Wissens keine Methodik einer subjektwissenschaftlich orientierten Jugendarbeit. Hinweise auf einen solchen Ansatz finden sich im Buch „Subjektorientierte Jugendarbeit" von Scherr (1997), in der subjektwissenschaftlichen Jugendforschung bei Held und den Ausführungen von Allespach und Joos (2000) zu einer subjektorientierten gewerkschaftlichen Vertrauensleutearbeit.

Ausgangs- und Bezugspunkt einer subjektwissenschaftlichen Jugendarbeit ist, wie der Name schon sagt, das nach eigenen Interessen handelnde Subjekt. Die zentrale Aufgabe wird darin gesehen, die Jugendlichen im Prozess ihrer Subjektwerdung zu unterstützen, d. h., sie zu befähigen, ihr Leben auf der Grundlage einer bewussten Auseinandersetzung mit den vorgegebenen gesellschaftlichen Lebensbedingungen selbst zu gestalten. Subjekthaftigkeit bedeutet in diesem Sinne, sich selbst als handlungs- und gestaltungsfähige Person zu erfahren.

Jugendarbeit, die das Subjekt zum Bezugspunkt hat, ist darauf angewiesen, sich umfassend mit der Lebenswirklichkeit der Jugendlichen auseinander zu setzen; dabei ist danach zu fragen, welche Möglichkeiten und Beschränkungen Jugendliche für eine selbst bestimmte Lebenspraxis vorfinden und welcher Beitrag pädagogisch zur Erweiterung der Selbstbestimmungs- und Handlungsfähigkeit erbracht werden kann.

Gesellschaftliche Verhältnisse – z. B. die Strukturen in Politik und Wirtschaft – können vor diesem Hintergrund daraufhin betrachtet werden, ob und wie sie die Selbstbestimmungs- und Handlungsfähigkeit der Individuen ermöglichen und unterstützen oder aber einschränken und behindern. Das Leben bewusst zu gestalten setzt nämlich die Ausstattung mit erforderlichen ökonomischen, sozialen, politischen und kulturellen Ressourcen voraus. Da diese ungleich verteilt sind, sind auch die Chancen und die Möglichkeiten der Subjektwerdung sehr unterschiedlich. Dabei ist grundsätzlich davon auszugehen, dass es „die Jugend" nicht gibt, sondern dass diese Lebensphase in sozial ungleiche „Jugenden"

differenziert ist. Sozial differenzierte Jugenden unterscheiden sich nach den materiellen Lebensbedingungen und den
Ressourcen (Geld, Bildung, soziale Beziehungen etc.), nach
den ihnen im Schulsystem zugewiesenen Positionen, nach
den innerhalb des jeweiligen soziokulturellen Milieus tra-
dierten, auch geschlechtsspezifisch ausgeprägten Lebens-
stilen und Lebensentwürfen, nach den jugendkulturellen Milieus und Szenen, denen sich Jugendliche zurechnen sowie
nach den differenzierten Entwicklungsaufgaben, die Jugendlichen jeweils gestellt werden. Hinzu kommen weitere Differenzierungen, die sich etwa aus städtischen oder ländlichen
Lebensbedingungen, regionalen Traditionen und aus eth-
nisch-kulturellen Zuordnungen ergeben.

Held spricht in diesem Zusammenhang von einem Prozess
der Segmentierung, z. B. entlang von Ethnie, Geschlecht oder
Bildungsstand. „Zwar gibt es immer noch die vertikale Auf-
teilung in „die da oben" und „die da unten", d. h. eine hie-
rarchisch angeordnete Ungleichheit, zunehmend entsteht
jedoch zusätzlich eine horizontale soziale Differenzierung.
Bestimmte soziale Merkmale entscheiden darüber, welchem
Segment jemand zugeordnet wird und diese Zuordnung ent-
scheidet über Status, Position und Zugang zu Ressourcen.
Die regional, ethnisch oder nach Geschlecht definierten
Gruppen sowie die sozialen Randgruppen definieren die
aktuellen Strukturen sozialer Ungleichheit.

Für den Segmentierungsprozess spielen Prozesse der Selbst-
segmentierung eine wichtige Rolle, in denen sich die verschiedenen Gruppen durch Abgrenzung von anderen einen
Vorteil erhoffen bzw. gegen ihren sozialen Abstieg absichern
wollen. „Die Menschen werden also sozial aufgeteilt und sie
teilen sich selbst auf. In den raschen Prozessen der gesellschaftlichen Veränderung zerfallen nicht nur die alten Strukturen, Traditionen, Normen und Milieus, sondern es bilden
sich gleichzeitig neue. […] Für die Jugendlichen hat das eine besondere Bedeutung, da sich ihre eigene Position erst im
Prozess des Hineinwachsens in die Gesellschaft, d. h. bei ihrer Integration in die Gesellschaft bildet." (Held/Bibouche)

Segmentierung: Aufspaltung in
unterschiedliche soziale Gruppen

35

Das Begründungskonzept
von Held

Die äußeren, politischen und gesellschaftlichen Bedingungen wirken nicht einfach blind auf die Jugendlichen ein.Dem Bedingungskonzept stellt Held in seiner subjektwissenschaftlichen Jugendforschung das *Begründungskonzept* gegenüber: Die gesellschaftlichen Voraussetzungen gehen in die subjektiven Begründungen der Jugendlichen ein, werden also von ihnen jeweils spezifisch wahrgenommen, überdacht, gewertet und interpretiert. Sie erhalten eine subjektive Bedeutung. Die *subjektiven Gründe* erklären die Orientierungen/Handlungen, wobei die gesellschaftlichen Hintergründe als Voraussetzung in die subjektiven Gründe mit eingehen.

Gesellschaftliche Verhältnisse
– Orientierungen –
subjektive Gründe

Der theoretische Zusammenhang zwischen gesellschaftlichen Verhältnissen, Orientierungen und subjektiven Gründen stellt sich wie folgt dar: Zum einen müssen die realen gesellschaftlichen Verhältnisse und Prozesse erfasst werden, die als gesellschaftliche Bedingungen Voraussetzungen für die politischen Orientierungen darstellen. Zum anderen korrespondieren damit vorgegebene gesellschaftliche Orientierungen bzw. gesellschaftliche Bedeutungen, die als Orientierungsangebote aufgefasst werden können. Das heißt, dass die Jugendlichen immer schon Orientierung vorfinden. Die Orientierungsangebote stellen Meinungen dar, wie sie z. B. von den Medien vermittelt werden. Die Entwicklung der eigenen subjektiven Orientierungen ist nicht als bloße Übernahme solcher Angebote zu verstehen, sondern als aktiver Prozess, der auf dem Hintergrund der eigenen Erfahrungen, Werte und Bedürfnisse, auf der Basis der eigenen Lebenssituation und der eigenen Lebensperspektive entwickelt wird. Dennoch kommt öffentlichen Diskursen und Deutungsangeboten in unserer massenmedial geprägten und pluralistischen Gesellschaft eine große Bedeutung zu.

Auch wenn es einem Jugendlichen aufgrund seines ökonomischen, kulturellen und sozialen „Kapitals" (Bourdieu) nicht möglich ist, sich – wie es der Neoliberalismus propagiert – beliebig aus dem Supermarktregal von Deutungsangeboten und Optionen zu bedienen, bestehen doch entsprechende Sinnangebote, die von Jugendlichen zumindest „gelesen" werden können. Sie stellen einen sozialen Möglichkeitsraum dar.

Lebensformen pluralisieren sich zunehmend, Individualisierung nimmt zu und verändert das Verhältnis vom Einzelnen zur Gemeinschaft und befördert individualisierte Formen der Sinnsuche. Die wachsende Komplexität von Lebensverhältnissen führt zu einer Fülle von Erlebnis- und Erfahrungswelten, die sich aber in kein Gesamtbild fügen, zueinander sogar widersprüchlich sein können. Es dominieren heute schnelllebige, diffuse, unverbindliche, indifferente und sehr flexible Formen; sie können es subjektiv durchaus funktional erscheinen lassen, sich sowohl beruflich wie privat nicht festzulegen, um den soziokulturellen Anforderungen an die Integration der Jugendlichen besser gerecht zu werden (Diskontinuität als Zukunftsorientierung).

Die subjektwissenschaftliche Forschung fragt – wie dargelegt – auf der Basis der gesellschaftlichen Bedingungen und Bedeutungen nach den Gründen, die Jugendliche für ihre Orientierungen und Handlungen haben. Bereits Paul Willis entwickelte eine Praxis der Jugendforschung, die den *subjektiven Sinn der Handelnden* ernst nimmt, die Selbstdeutungen, Erklärungen und Rechtfertigungen des Handelns Jugendlicher rekonstruiert, sich aber nicht mit einer Nacherzählung des subjektiv Gemeinten zufrieden gibt, sondern den sozialen Sinn der individuellen und kollektiven Praxis zu erschließen versucht. Insofern sollte Jugendarbeit die für jeweilige Jugendliche subjektiv relevanten Themen aufspüren und in angemessenen Formen aufgreifen. In diesem Sinne verstehen wir unter Subjektbezug, bspw. dass die gewerkschaftliche Jugendarbeit so angelegt sein sollte, dass es aus Sicht des Individuums lohnend und sinnvoll erscheint, sich den damit verbundenen Anstrengungen zu unterziehen. Lohnend meint hier, dass die Subjekte in der Jugendarbeit eine individuelle, gewerkschaftliche und gesellschaftliche Entwicklungsperspektive für die Erweiterung ihrer Handlungsmöglichkeiten vorfinden. Die zur Sprache kommenden Themen und die Formen, wie diese Themen behandelt werden, müssen für die Akteure von subjektiver *Bedeutung* sein.

Handlungen/Orientierungen sind subjektiv begründet; die Begründungen erklären das Handeln/die Orientierungen der Subjekte aus ihrer jeweiligen Perspektive.

Subjektive Bedeutsamkeit als Motiv für Engagement

Eine Person hat ihre Gründe, warum sie sich unter den jeweiligen Bedingungen an der Jugendarbeit beteiligt und sich engagiert oder eben nicht. Richtlinien und Handlungsanleitungen, die sagen, was richtige Gewerkschaftsarbeit ist, helfen da nur wenig. Engagement kommt nicht einfach dadurch in Gang, dass von dritter Seite entsprechende Forderungen gestellt werden. Anforderungen gewinnen subjektiv erst dann an Bedeutung, wenn sie bewusst übernommen werden können. Es ist also nach Gründen zu fragen, die das Subjekt von seinem Standpunkt aus hat, sich mit etwas auseinander zusetzen bzw. sich für etwas zu engagieren.

Ein solcher Prozess, in dem die Interessen und Bedürfnisse der Jugendlichen geklärt werden und in die Jugendarbeit eingehen, lässt sich gezielt initiieren. Dabei geht es darum, ausgehend von der Subjektperspektive die Voraussetzungen für die Ausgliederung einer gemeinsamen Problematik/Thematik zu schaffen, so dass die Subjekte im eigenen Interesse selbst bestimmt handeln, ihre Handlungsmöglichkeiten erweitern und damit ihre Lebensqualität erhöhen können. Dieser Prozess der Findung eines gemeinsamen Themas und der Verabredung über die Art und Weise der Bearbeitung findet in Form der „Abstimmung" und „Konfrontation" der eigenen Positionen mit denen der anderen Beteiligten statt. In einem so verstandenen intersubjektiven Prozess sehen sich die Subjekte quasi in einem offenen Feld von Handlungs- und Lernmöglichkeiten gegenüber, wo zur Bearbeitung gemeinsamer (als gemeinsam definierter) Probleme/Themen die jeweiligen Anstrengungen zusammengetan werden.

Ein subjektorientierter Ansatz setzt die Bereitschaft voraus, sich auf einen offenen Prozess einzulassen und die konkreten Interessen der Akteure zu einer Richtschnur der Arbeit zu machen. Die jugendlichen Akteure werden zum Souverän über die Auswahl sowie über die Frage, in welcher Art und Weise die Themen behandelt werden sollen.

Damit sind unserer Meinung nach wichtige Voraussetzungen und Motivationen für jugendliches Engagement angesprochen.

Jugendliche engagieren sich dann, wenn dies in ihrem unmittelbaren, direkten Bezugskreis möglich ist, da sie dort
davon ausgehen, etwas, das ihnen von Bedeutung ist und
sinnvoll erscheint, konkret und direkt beeinflussen zu können, ohne korrumpiert und vereinnahmt zu werden.

Bedeutung der dargestellten Ansätze für die gewerkschaftliche Jugendarbeit 2.2

Konzeptentwicklung 2.2.1

Gewerkschaftliche Jugendarbeit – will sie nicht Zufälligkei-
ten ausgeliefert sein – bedarf konzeptioneller Überlegungen
und bewusster Reflexionen. Eher allgemeine Fragen, die
sich aus dieser Anforderung ergeben, lauten z. B.: „Wie or-
ganisiere ich die gewerkschaftliche Jugendarbeit, mit welchen Themen und Projekten und in welcher Form?" „Welche
Jugendliche fühlen sich durch die Jugendarbeit angesprochen und welche Jugendlichen möchte ich darüber hinaus
ansprechen?" „Wie ist es um die jeweilige Jugendarbeit be-
stellt, z. B. was die Anzahl der Teilnehmer und das Engagement der Jugendlichen betrifft?" usw. usf.

Ein Konzept gewerkschaftlicher Jugendarbeit entwickelt
sich nicht beiläufig oder ergibt sich einfach aus den über-
geordneten politischen Zielen, Konferenzbeschlüssen oder
Konzepten von Gewerkschaften. Zwar wirken diese auf die
Jugendarbeit strukturierend, sie müssen aber pädagogisch
jeweils erschlossen werden. Gewerkschaften repräsentieren
ein bestimmtes politisches Konzept, in dem Werte wie bspw.
Solidarität, Gerechtigkeit und Demokratie von zentraler Bedeutung sind. Daraus leitet sich aber nicht automatisch eine
entsprechende politische Orientierung bei den Jugendlichen
ab. Vielmehr gilt es, besagte Werte für die Jugendlichen an
konkreten, für sie sinnvollen und nachvollziehbaren sowie
handlungsorientierten Projekten erfahrbar und erlebbar zu
machen. Die Entwicklung eines Konzepts gewerkschaftlicher
Jugendarbeit erfolgt in der mitunter widersprüchlichen

Konzeptentwicklung zwischen
gewerkschaftlichen Zielen
und den Interessen und Wünschen der Jugendlichen

Überschneidung zwischen der „Welt" der Organisation und der Lebenswelt der Jugendlichen.

Bei der Gestaltung gewerkschaftlicher Jugendarbeit empfiehlt sich deshalb, den Blick nicht alleine von der Organisation aus auf die Jugendlichen zu richten, sondern gleichermaßen, die Jugendlichen mit ihren Wünschen und Interessen zu berücksichtigen. Wenn Jugendliche das Gefühl haben, für fremde und für sie nicht nachvollziehbare Zwecke instrumentalisiert zu werden, so werden sie sich verständlicherweise kaum engagieren.

Die dargestellten Ansätze und die empirischen Befunde der IG-Metall-Jugendstudie liefern wertvolle Hinweise für eine Konzeptentwicklung. Wie in der sozialräumlichen Jugendarbeit nehmen auch die anderen der beschriebenen Jugendarbeitskonzepte zum einen die Jugendlichen als Subjekte und zum anderen die Möglichkeiten und Angebote, die die Jugendarbeit ihnen jeweils bietet, in den Fokus.

Damit sind zwei zentrale Kategorien angesprochen, nämlich *Teilnehmerorientierung* und die sich aus den Angeboten der Jugendarbeit ergebenden *Entwicklungs- resp. Aneignungsmöglichkeiten*. Diese Kategorien sollen nachfolgend erörtert werden.

Fragen zur Konzeptentwicklung

–Gibt es ein explizites oder implizites Konzept meiner Jugendarbeit?
–Ist mir bewusst, was ich dabei mit wem, wie erreichen möchte? Wie werden die gewerkschaftlichen Interessen und die Interessen der Jugendlichen berücksichtigt?
–Habe ich bzw. nehme ich mir die Zeit, um über die Praxis meiner Jugendarbeit nachzudenken?
–Was läuft gut und womit bin ich unzufrieden? Wo liegen Gründe und Ursachen möglicher Probleme und Schwierigkeiten und welche Maßnahmen könnten zu deren Beseitigung unternommen werden?

Teilnehmerorientierung – Voraussetzung für eine sich an den ausdifferenzierten Interessen der Jugendlichen orientierenden Jugendarbeit

2.2.2

Wer kennt ihn nicht, diesen Grundsatz aus der gewerkschaftlichen Bildungsarbeit: „Die Teilnehmer müssen da abgeholt werden, wo sie sich gerade befinden." Dieser Anspruch wird in allen der oben dargestellten Ansätze deutlich formuliert. Der Konstruktivismus spricht in diesem Zusammenhang z. B. von Anschlussfähigkeit und Rückbezüglichkeit. Die Teilnehmer dort abzuholen, wo sie sich gerade befinden, gilt nicht nur für Seminare, sondern auch für die Jugendarbeit. So banal und selbstverständlich dieser Grundsatz auch klingen mag, so schwierig ist er umzusetzen.

Zum Konstruktivismus vgl. Kapitel 2.1.2.2, Seite 27 ff.

Bevor wir hierzu nachfolgend einige Hinweise liefern, sei an dieser Stelle noch kurz auf eine Voraussetzung für Teilnehmerorientierung hingewiesen. Die Programmatik, Werte und Ziele von Gewerkschaften werden durch Teilnehmerorientierung nicht in Frage gestellt oder gar negiert. Politische Positionen werden in einem klar beschriebenen, demokratischen Willensbildungsprozess gefunden. Grundlage der Teilnehmerorientierung ist es, einen Zusammenhang zwischen der „Welt" der Gewerkschaften und der Arbeits- und Lebenswelt der Jugendlichen herzustellen und mit möglichen Widersprüchen und Überschneidungen produktiv umzugehen. Wie dies geschehen kann, soll nachfolgend skizziert werden.

Will man die Teilnehmer/-innen gewerkschaftlicher Jugendarbeit *dort* abholen, wo sie sich gerade befinden, so muss man diesen Ort erst einmal bestimmen. Dazu ist es unabdingbar, sich mit der Lebens- und Arbeitssituation der Jugendlichen, mit ihren Weltsichten und Deutungen auseinander zu setzen. Vorkenntnisse und Erfahrungen der Teilnehmer sind „Ankerplätze", an denen angeknüpft werden kann. Diese Ankerplätze gilt es jeweils auszuloten. Im Sinne einer systemischen Betrachtung helfen dabei z. B. Fragen nach den konkreten Erfahrungen der Jugendlichen bei der Suche nach einem Ausbildungs- oder Arbeitsplatz, den betrieblichen Erfahrungen, den jeweiligen regionalen, familiären und schulischen Kontexten, der Bildungsbiografie und den ethnisch

Vgl. hierzu die Leitfragen im grauen Kasten am Ende dieses Abschnitts

kulturellen Hintergründen. Ferner kann es einen Unterschied machen, ob der Jugendliche in einem Klein, Mittel- oder Großbetrieb arbeitet, im Büro oder in der Produktion, ob er Jugend- und Auszubildendenvertreter ist oder nicht usw. Es ist wichtig zu wissen, über welche politischen Orientierungen und Alltagstheorien die Jugendlichen verfügen, welches Bild sie von der Gesellschaft haben (ob sie der Marktwirtschaft, dem so genannten Leistungsprinzip, dem Interessengegensatz, alternativen Gesellschaftsmodellen etc. eher zustimmend oder ablehnend gegenüberstehen). Zur Vorortung der Teilnehmervoraussetzungen gehört unserer Meinung nach auch, dass man um die verschiedenen Motivationsebenen für gewerkschaftliches Engagement weiß. Nach Dörre (1995) lassen sich folgende unterscheiden: (1) Wunsch nach sinnvoller Tätigkeit sowie spannender, abwechslungsreicher Freizeitgestaltung; (2) das Bedürfnis nach befriedigenden Sozialbeziehungen und kommunikativem Austausch (in Betrieb und Ausbildung möchte man mit bestimmten Leuten zusammen sein, sich austauschen); (3) gewerkschaftliches und betriebliches Engagement als Mittel, um sich weiterzubilden oder auch um sich interessante Tätigkeitsfelder zu erschließen; (4) Interessensverletzungen und Veränderungswünsche, z. B. die Auseinandersetzungen um die Ausbildungsqualität; (5) eine umfassende politische Motivation (Dörre spricht hier von den so genannten Bewegungssozialisierten).

Sensibilität für die unterschiedlichen Hintergründe und Voraussetzungen der Jugendlichen

Wie intensiv die Erforschung der Lebenswelt der Teilnehmer betrieben werden kann und soll, mag unterschiedlich sein. Es soll nicht der Eindruck erweckt werden, als ginge es darum, in der Manier eines Sherlock Holmes die Teilnehmervoraussetzungen akribisch genau zu erfassen. Es geht vielmehr um die Sensibilisierung für unterschiedliche Ankerplätze der Jugendlichen.

Es gibt nicht „die Jugend" schlechthin; Jugend ist heute vielfältig ausdifferenziert. Insofern helfen standardisierte Konzepte kaum weiter. Haben nicht schon alle Akteure der gewerkschaftlichen Jugendarbeit erfahren, wie schwer es ist, mit den herkömmlichen Konzepten „neue" Gruppen, wie z. B. Studierende, für die IG Metall zu interessieren und für die Jugendarbeit zu gewinnen? Ist die Praxis unserer Jugendarbeit nicht in vielen Fällen nach wie vor auf den männlichen Auszubildenden/Facharbeiter aus dem gewerblichen Bereich ausgerichtet?

Die Erfassung der Teilnehmervoraussetzungen hilft bei der Beantwortung der Fragen nach den Gründen, die Jugendliche von ihrem Standpunkt aus haben, sich an der gewerkschaftlichen Jugendarbeit zu beteiligen und sich mit den dort angesprochenen Themen und Projekten auseinander zu setzen resp. sich für sie einzusetzen. Das, was in der Jugendarbeit passiert, muss für Jugendliche subjektive Relevanz besitzen, d. h. es muss individuell als bedeutsam, sinnvoll, wichtig und spannend wahrgenommen werden.

Wir haben bereits erfahren: Was dem Jugendsekretär wichtig ist, muss nicht schon für die Jugendlichen interessant und wichtig sein. Bedeutungen sind individuell und nicht einfach übertragbar. Der Jugendarbeiter kann zwar die Wichtigkeit eines Themas begründen, die Bedeutung dieses Themas müssen alle an der Jugendarbeit Beteiligten für sich selbst erschließen.

Damit ist ein weiterer wichtiger Aspekt von Teilnehmerorientierung angesprochen: Es geht nicht darum, Jugendliche mit entsprechend angepassten Angeboten zu „ködern", sondern sie mit ihren jeweiligen Erfahrungshintergründen als Subjekte ernst zu nehmen. Dies kann nicht gelingen, wenn man sie top down verplant. Gewerkschaftliche Jugendarbeit braucht Freiräume, in denen Jugendliche ihre eigenen Vorstellungen realisieren können. Dies verweist auf konkrete Beteiligungsangebote über Inhalt und Form von gewerkschaftlicher Jugendarbeit resp. von Gewerkschaftsarbeit insgesamt.

Es sollte deutlich geworden sein, dass die Kategorie Teilnehmerorientierung in der Jugendarbeit nicht primär eine Marketingstrategie ist, die danach fragt, wie die Jugendlichen heute sind und was sie wollen, um daraus dann ein entsprechendes Angebot abzuleiten. Anstatt sich in Konkurrenz zu anderen, kommerziellen und nichtkommerziellen, Angeboten der Jugendarbeit zu begeben, braucht gewerkschaftliche Jugendarbeit ein eigenes Profil. Arbeit, Ausbildung und Beruf können angesichts der Bedeutung, die die Jugendliche diesen Themen beimessen und den Kompetenzen, die den Gewerkschaften diesbezüglich zugesprochen werden, gute Ansatzpunkte bieten.

Bei der Teilnehmerorientierung geht es also weniger darum, Hinweise zu bekommen, ob ein Rock- oder ein Hip-Hop-Konzert angeboten werden soll oder doch besser ein Segeltrip in der Ägäis, sondern ausgehend von den unterschiedlichen individuellen Bedingungen und Voraussetzungen Zugänge zu Gewerkschaft und gewerkschaftlichem Handeln zu ermöglichen.

– Sind mir die Teilnehmervoraussetzungen bewusst? Welche Informationen benötige ich a.) zur Arbeit mit den Jugendlichen, die sich bereits an der gewerkschaftlichen Jugendarbeit beteiligen, und b.) um weitere Jugendliche für die gewerkschaftliche Jugendarbeit zu interessieren?
– Gibt es eine begründete Entscheidung für bestimmte Zielgruppen?
– Welche Erfahrungen und Voraussetzungen bringen die Teilnehmer mit? Kenne ich die Kontexte, in denen sich die Jugendlichen bewegen? Inwieweit fließen solche Erkenntnisse in die Gestaltung gewerkschaftlicher Jugendarbeit ein?
– Ist mein Konzept hinreichend differenziert? Welche Differenzierungen, z. B. hinsichtlich Geschlecht, Ethnie, Beruf (kaufmännisch, gewerblich), Bildungsstand (z. B. Studierende) etc. sind bei der Gestaltung meiner Jugendarbeit zu berücksichtigen?
– Ist das, was in der Jugendarbeit passiert, für die Jugendlichen von subjektiver Relevanz? Würde ich an ihrer Stelle Zeit und Energie opfern, auf andere Freizeitbeschäftigungen verzichten, um mich an der gewerkschaftlichen Jugendarbeit zu beteiligen? Was müsste passieren, damit ich aus ihrer Sicht zufrieden wäre?
– Sind Formen und Inhalte der gewerkschaftlichen Jugendarbeit für die Jugendlichen anschlussfähig?

Der Aneignungsbegriff spielt in den dargestellten Konzepten – dem subjektwissenschaftlichen, dem konstruktivistischen und dem sozialräumlichen – eine ganz zentrale Rolle. Auf der Basis jeweils unterschiedlicher theoretischer Kontexte wird übereinstimmend davon ausgegangen, dass Menschen nicht von außen determiniert, instruiert, belehrt werden können. Was gehört wird, ist noch nicht verstanden. Was gelehrt wird, noch nicht gelernt.

Vgl. Kapitel 2.1.2
Pädagogische Konzepte der
Jugendarbeit, Seite 24 ff.

Wir können in Seminaren und im Rahmen unserer Jugendarbeit zwar Angebote machen, aber ob und wie diese angenommen und verfestigt werden, ist eine je subjektive Leistung. Die Jugendlichen müssen sich einen Gegenstand/einen Sachverhalt selbst erschließen und aktiv zu eigen machen können.

Es geht um die Ermöglichung von selbständigen, aktiven und zielgerichteten Handlungen. Eine solche Ermöglichungsperspektive fragt zuerst nach Selbstaneignungs- und Selbsterschließungsaktivitäten der Teilnehmer und bezieht lebensweltliche Erfahrungen und Anforderung mit ein. Dieser Anspruch gilt in gleichem Maße für die Jugendarbeit. Auch hier muss es darum gehen, Prozesse der selbsttätigen und selbstständigen Erschließung und Aneignung zu ermöglichen.

Aneignungsprozesse als schöpferische Leistung, als Eigentätigkeit, werden durch die realen Anforderungs- und Möglichkeitsstrukturen bestimmt und gerichtet. Aus der Konstruktivismusdiskussion wissen wir, dass für die Gestaltung dieser Anforderungs- und Möglichkeitsstrukturen i. S. situativer Kontexte nicht die Fülle der Reize, sondern der thematische Bezug und die Vielfalt der in einer Gruppe vertretenen Erfahrungswirklichkeiten und Perspektiven wesentlich ist. Dabei erweisen sich wertende Pauschalbeurteilungen, die binäre Codierungen bekräftigen und einem linearen, statischen, disziplinären und dogmatischen Denken folgen, als deutlich hemmender Faktor.

Gewerkschaftliche Jugendarbeit stellt einen Aneignungs- und Möglichkeitsraum dar. Die Notwendigkeit der Aneignung

Gebrauchswertcharakter gewerkschaftlicher Jugendarbeit

45

und daraus sich ergebende potentiell erweiterte resultieren aus dem Versuch, etwas zu verändern, etwas anders zu machen oder zu betrachten. Dazu müssen die Themen der gewerkschaftlichen Jugendarbeit und die Art und Weise ihrer Bearbeitung Bestandteil der Lebenswelt der Jugendlichen sein, sie müssen von Bedeutung sein und für die Jugendlichen einen „Gebrauchswert", subjektive Relevanz besitzen. Gewerkschaftliche Jugendarbeit muss aus der Perspektive der Jugendlichen sinnvoll und nützlich sein. Zu fragen wäre also, welche Möglichkeiten die Jugendlichen in der gewerkschaftlichen Jugendarbeit für sich vorfinden.

Eigene und gemeinsame Interessen durchsetzen – die inhaltliche Basis gewerkschaftlicher Jugendarbeit

Der Verweis auf die individuelle Nützlichkeit, Sinnhaftigkeit und den Gebrauchswertcharakter gewerkschaftlicher Jugendarbeit darf unserer Meinung nach nicht als Opportunität gegenüber einem Individualismus oder Egoismus fehlinterpretiert werden. Es sollte deutlich geworden sein, dass sich Engagement nicht per se in Widerspruch befinden muss zu den subjektiven Interessen an Nützlichkeit und Sinnhaftigkeit. Der Anspruch der Jugendlichen, im Engagement auch Selbstentfaltungswerte realisieren zu können, verweist darauf, die Zusammenhänge zwischen gewerkschaftlichen und individuellen Zielen herzustellen und zu konstruieren. Die von der Organisation gebündelten Interessen der Beschäftigten müssen in Beziehung gesetzt werden zu den subjektiven Interessen der Jugendlichen; die jeweils individuelle Motivation für Engagement muss im gewerkschaftlichen Engagement aufgehen. In diesem Sinne geht es nicht darum, Angebote der Freizeit- und Konsumindustrie einfach zu kopieren und dann zu glauben, mit diesen Angeboten die Jugendlichen besser zu erreichen. Das heißt nicht, dass gewerkschaftliche Jugendarbeit bspw. nicht auch Freizeitangebote machen soll. Solche Angebote können zu einem positiven und unverkrampften Image beitragen und einen ganzheitlichen Ansatz in der gewerkschaftlichen Jugendarbeit befördern. Problematisch wird das Ganze erst dann, wenn sich Jugendarbeit auf Freizeitarbeit reduziert. Es geht unseres Erachtens darum, i. S. eines integrierten, ganzheitlichen Ansatzes auch die inhaltliche Arbeit so zu gestalten, dass dadurch Spaß und Leidenschaft geweckt und Kooperation, Kommunikation sowie Geselligkeit möglich wird.

Gewerkschaftliche Jugendarbeit dient ganz allgemein formuliert der Vertretung der eigenen und gemeinsamen Interessen. Dafür sollten unter methodischen Aspekten auf möglichst vielen Ebenen Aneignungs-, Aktivierungs- und Gestaltungsmöglichkeiten geschaffen und entwickelt werden.

Angebote der Jugendarbeit sollten folgende Qualitäten besitzen: Sie sollen

– Aufforderungscharakter besitzen, handlungsorientiert und motivierend sein;
– erlebnisorientiert und stimulierend sein und sich nicht auf Sitzungen und sitzungsähnliche Situationen beschränken. Diese werden von den Jugendlichen zwar akzeptiert, wenn sie funktional sind; wenn sie aber zu Routinen werden und die ausschließliche Form von Jugendarbeit darstellen, wirken sie langweilig und demotivierend.
– ganzheitlich Kopf, Herz und Hand ansprechen sowie Kreativität fördern. Nur so kann es überhaupt gelingen, dass ein eigenes Lebensgefühl entstehen kann.

Aneignungs- und Möglichkeitsräume beschränken sich nicht auf das Bereitstellen von Angeboten, sondern verweisen auch darauf, Beteiligung und Mitbestimmung möglich zu machen. Die IG-Metall-Jugendstudie hat gezeigt, dass Mitsprache für die Jugendlichen wichtiger ist als die Bereitstellung eines wie auch immer gearteten Angebots. Die Jugendlichen wollen das, was in der Jugendarbeit passiert, auch verändern und selbst gestalten können. Aneignung als Eigentätigkeit ist nicht nur in Angebotssituationen möglich, sondern auch und vor allem in von Jugendlichen selbst bestimmen Themen, Inhalten und Formen. Es geht gerade darum, Situationsveränderungen möglich zu machen, möglichst viele Situationen zuzulassen, die ungeplant zustande kommen oder verändert werden können. Die Veränderung von Räumen und Situationen ist eine spezifische Aneignungstätigkeit von Jugendlichen, in dessen Prozess sich erst die neuen Möglichkeiten erschließen.
– neue Erfahrungen/Erweiterung des Horizonts möglich machen und gleichzeitig
– ein Zurückziehen erlauben und die Jugendlichen mit ihren knappen Zeitressourcen nicht zu sehr verplanen. Wir

haben zu akzeptieren, dass es neben der Gewerkschaftsarbeit noch was anderes gibt.

– die Möglichkeit geben, Spuren zu hinterlassen und sich abbilden zu können.

Eine solchen Qualitäten gerecht werdende gewerkschaftliche Jugendarbeit kann der soziale, politische und kulturelle Möglichkeitsraum sein, in dem Jugendliche aktiv handelnd eigene Erfahrungen machen und gemeinsam ihre Interessen vertreten und durchsetzen können.

Fragen zum Themenbereich Jugendarbeit als Handlungs- und Möglichkeitsraum

– Welche Möglichkeiten liegen für die Jugendlichen in der gewerkschaftlichen Jugendarbeit?
– Gibt es eine bewusste, begründbare Entscheidung für bestimmte Angebotsstrukturen, Methoden, Handlungs- und Arbeitsformen?
– Können die Jugendlichen die Angebote und Räume der Jugendarbeit als Bestandteile ihrer Lebenswelt sehen? Besitzt gewerkschaftliche Jugendarbeit einen „Gebrauchswert" für die Jugendlichen?
– In welchem Umfang besteht für die Jugendlichen die Möglichkeit, die Jugendarbeit selbst zu gestalten?
– Gibt es eine Form der Interessensklärung, bei dem die Jugendlichen ihre Wünsche, Bedürfnisse und Erwartungen an die gewerkschaftliche Jugendarbeit gegenseitig abstimmen und zur Grundlage der Arbeit machen können?
– Welche Qualitäten finden sich im Angebot der jeweiligen gewerkschaftlichen Jugendarbeit?

2.2.4 Gewerkschaftliche Jugendarbeit im Spannungsfeld von inhaltlicher Verbindlichkeit und Offenheit

Ein teilnehmerorientierter Ansatz setzt die Bereitschaft voraus, sich auf einen offenen Prozess einzulassen und die konkreten Interessen der Akteure hinreichend zu berücksichtigen. Ermöglichungsparadigma und Teilnehmerorientierung sind allerdings nicht zu verwechseln mit Beliebigkeit und Indifferenz. Verantwortliche in der Jugendarbeit werden überhaupt erst interessant, wenn sie eigene Positionen und Überzeugungen haben und diese glaubhaft vertreten können.

Wie bereits dargelegt stellt gewerkschaftliche Jugendarbeit einen Aneignungs- und Möglichkeitsraum dar. Dazu gehört auch, Deutungsangebote zu machen und Orientierungen zu geben. Es ist nachvollziehbar, dass die Jugendlichen in der komplexer und unübersichtlicher gewordenen Welt Deutungs- und Definitionsbedürfnisse haben (vgl. IG Metall-Jugendstudie). Voraussetzung, dass diese auch im Kontext gewerkschaftlicher Arbeit befriedigt werden können, ist ein eigenes inhaltliches Profil, zu dem sich die Jugendlichen verhalten können. Das, wofür Gewerkschaften z. B. in der Arbeits- und Tarifpolitik, in der Berufsbildung und in der Gesellschaftspolitik stehen, wird zum Gegenstand gewerkschaftlicher Jugendarbeit. Dabei verweisen unsere eigenen empirischen Befunde v. a. auf die Notwendigkeit der Wiederaneignung eines Politikbegriffs, der das Politische als öffentlichen, alle gesellschaftlichen Bereiche erfassenden und von unterschiedlichen Interessen geprägten Prozess versteht. Dies kann nur gelingen, wenn Politik und politisches Handeln als individuell wichtig und sinnvoll wahrgenommen und Politisches wieder stärker als solches benannt wird. Also, anstatt Politik und politische Bildung zu vermeiden, gilt es geradezu, das Politische in für die Jugendlichen relevante Themen zu transferieren bzw. eine Situierung – eine Aufgabe, der sich sowohl die Jugendbildungs- als auch die Jugendarbeit mit besonderer Aufmerksamkeit stellen muss.

Wiederaneignung des Politischen
Zum Politikverständnis
vgl. die IG-Metall-Jugendstudie
Seite 17 ff.

Neben dem Herstellen von Kontexten und subjektiven Relevanzen scheint es uns gleichsam wichtig, in welcher Art und Weise eine Auseinandersetzung mit den Inhalten möglich gemacht wird.

Jugendsekretäre/-innen und Jugendarbeiter/-innen sollten ihre Überzeugungen und gewerkschaftlichen Positionen – bei aller Vorläufigkeit – offensiv und kompetent vertreten, ohne intolerant zu sein. Sie sollten von ihren Themen selbst begeistert sein, aber auch Begeisterungsfähigkeit ausstrahlen. Dabei ist zu akzeptieren, dass andere einen Sachverhalt auch anders sehen und bewerten können und anderen möglicherweise anderes wichtig ist.

Die Jugendlichen sind mit ihren jeweiligen politischen Orientierungen, ihren Vorstellungen vom sozialen Leben und in ihrem Denken und Handeln ernst zu nehmen. Dazu bedarf es einer Gesprächskultur, in der eine solche ernsthafte Auseinandersetzung wirklich stattfinden kann.

Es gilt, das Augenmerk auf die jeweiligen Begründungshintergründe zu richten und nicht blind oder standardisiert auf politische Äußerungen und Handlungen zu reagieren. Dabei sollte versucht werden, den sozialen Sinn der individuellen und kollektiven Praxis zu erschließen. Erst wenn Jugendliche die Chance erhalten, ihre eigenen Vorstellungen und subjektiven Gründe sanktionsfrei und intensiv zu besprechen, besteht die Möglichkeit, die für die Jugendlichen so charakteristische Widersprüchlichkeit in ihren eigenen Orientierungen herauszuarbeiten und Standpunkte zu klären. Dies gelingt beispielsweise in Situationen, wo ohne Überheblichkeit oder Schuldzuweisungen über biografische Erfahrungen und Hintergründe, über Konsequenzen von Maßnahmen, über Alternativen nachgedacht und gesprochen werden kann.

siehe unter Stichwörter Begründungskonzept und Orientierungen, Seite 36 f.

Es geht – wie der subjektwissenschaftliche Ansatz konstatiert – darum, ausgehend von der Subjektperspektive die Voraussetzungen für die Ausgliederung einer gemeinsamen Problematik/Thematik zu schaffen und Verabredungen über die Art und Weise zu deren Bearbeitung auszuhandeln und festzulegen (Herstellen von Viabilität). Zur Bearbeitung gemeinsamer bzw. als gemeinsam definierter Probleme/Themen werden die jeweiligen Anstrengungen zusammengetan; Jugendliche und Jugendarbeiter versuchen dabei gemeinsam, ihre eigenen Orientierungen weiterzuentwickeln.

Bearbeiten gemeinsamer Themen

Gesellschaftliche Tendenzen gehen nicht an den Jugendlichen vorüber, die Jugendlichen stellen sich bewusst dazu. Die Frage, welche Gesellschaft wir in Zukunft und für die Zukunft wollen, wie wir uns das Leben, die Arbeit und die Ausbildung vorstellen und wünschen, muss Gegenstand der gewerkschaftlichen Jugendarbeit sein. Hierbei gilt es – unter Zugrundelegung der Frage, welche Möglichkeiten und Begrenzungen der Entwicklung die jeweiligen Verhältnisse beinhalten – gesellschaftliche Zusammenhänge herzustellen. Vor dem Hintergrund solcher situativer Kontexte sind die Voraussetzungen für eine aktive Teilnahme an der politischen Diskussion und politisches Handeln zu schaffen. Dies verweist auf *Gelassenheit als Grundkompetenz* eines Jugendsekretärs, denn es ist keinesfalls sicher, dass die Jugendlichen den eigenen gesellschaftlichen und politischen Optionen und Reformvorstellungen ohne weiteres zustimmen und folgen. Gelassenheit meint, unterschiedliche Positionen auszuhalten und auszutragen. Dabei gilt es zur Kenntnis zu nehmen, dass die Bereitschaft zu gewerkschaftlichem Engagement bei den Jugendlichen weniger ideologiegeleitet und von Kritik getragen ist, als stärker von pragmatischen, handlungs- und umsetzungsorientierten Motiven sowie einem tendenziell positiven Weltbezug. Dies mag eine Tatsache sein, die zunächst v. a. Gewerkschafter mit eher traditionell geprägten Vorstellungen verunsichert. Es wurde aber bereits an anderer Stelle darauf hingewiesen, dass es gelingen kann, die positiven Aspekte dieser Orientierungen, nämlich das gemeinsame Entwickeln von Anforderungen, konkreten Utopien und Gestaltungskompetenz zu befördern, ohne sich am Ende kritiklos mit dem politischen, gesellschaftlichen, ökonomischen und betrieblichen Status Quo zu arrangieren. Beispiele dafür sind die Aktion „Ausbildung – Investition in die Zukunft" oder die Kampagne „Her mit dem schönen Leben".

siehe auch unter Stichwörter Pragmatismus und Positiver Weltbezug Seite 22 f.

Unter dem Aspekt des inhaltlichen Profils ist auch das in der IG-Metall-Jugendstudie festgestellte Informations- und Wissensdefizit der Jugendlichen gegenüber Gewerkschaft zu diskutieren. In diesem Sinne gilt es, deutlich zu machen, was Gewerkschaften sind, wofür sie stehen und wie sie mit der Arbeits-, Lebens- und Ausbildungssituation der Jugendlichen gekoppelt sind. Einführungsveranstaltungen für neue Auszubildende können diese Funktion genauso erfüllen wie entsprechend aufbereitetes Material. Eine zentrale Bedeutung hat hierbei die gewerkschaftliche Vorfeldarbeit an allgemein bildenden und berufsvorbereitenden Schulen und Einrichtungen.

– Können sich die Jugendlichen mit ihren Themen und Interessen aktiv einbringen und finden sie diese in der gewerkschaftlichen Jugendarbeit wieder?

– Kann ein inhaltliches Profil beschrieben werden und wenn ja, in welcher Form können sich die Jugendlichen damit konstruktiv auseinander setzen?

– Bestehen Möglichkeiten zu Diskussionen in der Gruppe, ohne dass sich der jeweilige Jugendsekretär ständig einmischt?

– Ist die Informationspolitik ausreichend? An welcher Stelle kann sie verbessert werden (z. B. bzgl. der Einführung neuer Auszubildender in den Betrieb, bei Tarifrunden etc.)?

– Wird Vorfeldarbeit gemacht? Falls mir selbst die Zeit dazu fehlt, welche Alternativen gibt es dazu, z. B. das Einbeziehen von betrieblichen Interessenvertretern etc.?

2.3 Fazit: Thesen zur gewerkschaftlichen Jugendarbeit

Zur IG-Metall-Jugendstudie
siehe Kapitel 2.1.1, Seite 17 ff.

Die IG-Metall-Jugendstudie hat gezeigt, dass Jugendliche nach wie vor bereit sind, sich in Gewerkschaften zu organisieren und zu engagieren. Allerdings braucht jugendliches Engagement Voraussetzungen, z. B. eine politische Kultur, bei der eigene Positionen, Bedürfnisse und Interessen eingebracht und gemeinsam diskutiert, ausgetragen und weiterentwickelt werden können. Nachfolgend, im Sinne einer Zusammenfassung, einige Thesen zur gewerkschaftlichen Jugendarbeit:

– Gewerkschaftliche Jugendarbeit versteht sich als politische Jugendarbeit. Sie engagiert sich für die solidarische Gestaltung der Gesellschaft und setzt sich für die gemeinsame Vertretung der Interessen von Auszubildenden, Studierenden und junger Beschäftigter ein. Sie berücksichtigt dabei die Erkenntnisse der IG-Metall-Jugendstudie, dass politisches Handeln von Jugendlichen heute weniger ideologie- und kritikgeleitet ist, als vielmehr aus unmittelbaren und konkreten Handlungsanlässen erwächst und positiv-gestaltungsorientiert ist (vom Konkreten zum Abstrakten und nicht umgekehrt). Solche Zugänge zum Engagement gilt es in der Jugendarbeit bewusst herzustellen.

– Gewerkschaftliche Jugendarbeit zeichnet sich durch Gelassenheit aus. Sie liefert, indem sie offensiv ihre Positionen vertritt, politische Orientierungen, erlaubt und fördert aber zugleich eine kritisch-konstruktive Auseinandersetzung damit. Dies erscheint uns gerade unter dem Aspekt widersprüchlicher politischer Orientierungen von Bedeutung. Gewerkschaftliche Jugendarbeit kommt damit gleichzeitig dem Definitions- und Deutungsbedürfnis der Jugendlichen entgegen.

Vgl. IG-Metall-Jugendstudie Stichwort Temporäre Identifikationen, Seite 18 f.

– Gewerkschaftliche Jugendarbeit ist handelnde und ganzheitliche Jugendarbeit. Mit Reden und Diskutieren ist es nicht getan. Themen lassen sich nicht alleine kognitiv abarbeiten. Frei nach dem Motto „Es gibt nichts Gutes, außer man tut es" (Kästner) heißt es konkret zu handeln. Für ein derart ganzheitliches Vorgehen (mit Kopf, Herz und Hand) bieten Aktionen, wie sie typisch für die IG Metall-Jugendarbeit sind, eine gute Plattform: In Berufsschulaktionen wird vor Ort die schlechte Situation an den Berufsschulen öffentlich gemacht. Im Rahmen der Aktion Kammerjäger protestieren Jugendliche vor der IHK gegen deren Vorstellungen zur Schaffung von Schmalspurberufen. Beim Aktionsfestival in Berlin macht die IG Metall-Jugend auf ihre Forderungen, z. B. nach einer solidarischen Ausbildungsfinanzierung, aufmerksam. Jugendliche beteiligen sich an Aktionen gegen rechte Provokationen und sie leisten unmittelbare Solidaritätsarbeit bei Brigaden in Brasilien, Nicaragua oder Südafrika. Das sind nur einige wenige Beispiele. Solche Aktionen lassen sich als Bestandteil der Jugendarbeit auf den unterschiedlichsten Ebenen bewusst planen.

Aktionen wirken nach unseren Erfahrungen – neben der politischen Funktion, die sie im Einzelnen erfüllen – auf die Beteiligten motivierend. Mit viel Phantasie kommen dabei jugendliche Ausdrucksformen zur Geltung.

Aktionen sind Bestandteil der gewerkschaftlichen Jugendarbeit und nicht als politischer Aktionismus oder billiger Motivationstrick misszuverstehen. Die Aktionen sind i. d. R. eingebettet in Projekte mit entsprechenden Vor- und Nacharbeiten. Dabei sind die Jugendlichen von Anfang an bei der Planung, Durchführung und der Auswertung zu beteiligen.

– Gewerkschaftliche Jugendarbeit greift in die Praxis ein, sie ist pragmatisch und umsetzungsorientiert. Eine unabdingbare Voraussetzung für Engagement ist, durch das eigene Handeln tatsächlich etwas Konkretes bewirken zu können, sich selbst als Ursache zu erleben. Politik wird häufig mit langweiligen Debatten assoziiert, die am Ende doch zu nichts führen. Es leuchtet ein, dass Jugendliche – fühlen sie sich den politischen Entscheidungen gegenüber ohnmächtig – sich nicht engagieren. Analogien kennen wir aus der Handlungspsychologie. Dort wird z. B. bei Frese der Kontrollansatz diskutiert: Kontrolle ist in dem Maß gegeben, wie eine Person oder eine Gruppe von Personen über Möglichkeiten verfügt, relevante Tätigkeiten und Bedingungen entsprechend eigener Ziele, Bedürfnisse und Interessen selbst zu beeinflussen. Hier geht es um das Thema Selbstbestimmung (ich kann etwas selbst beeinflussen/bewegen) versus Fremdbestimmung (ich werde in meinen Handlungen kontrolliert). Es lassen sich Themen anpacken, bei denen etwas Konkretes erreicht werden kann und die Folgen des Handelns sichtbar werden (ohne dass am Ende in jedem Fall ein Erfolg stehen muss). Auch dafür gibt es zahlreiche Beispiele: In der Tarifpolitik werden von den Jugendlichen *ihre* Forderungen abgewogen und diskutiert, in die Tarifkommission zur Beschlussfassung eingebracht und wenn nötig durch Aktionen im Betrieb und am Verhandlungsort unterstützt und begleitet. Im Rahmen des Projekts „Ausbildung – Investition in die Zukunft" setzen sich die Jugendlichen mittels Umfrage mit ihrer Ausbildung auseinander und leiten aus den Ergebnissen konkrete Arbeits- und Handlungsschritte zur Verbesserung der Ausbildung ab. Gegenüber der Kultusbehörde wird der Protest gegen die Verkürzung der Prüfungstage organisiert – mit dem Ergebnis, dass diese wieder zurückgenommen wird.

– Gewerkschaftliche Jugendarbeit ist beteiligungsorientiert, gestaltungsoffen und integrativ. Jugendliche sind in der Organisation ernst zu nehmen; ihnen muss Mitsprache ermöglicht werden. Zahlreiche Studien und unsere eigenen Erfahrungen belegen, dass bei Jugendlichen der Wunsch nach autonomer Gestaltung stark ausgeprägt ist.

Dabei wollen sie nicht auf irgendwelche Spielwiesen abgeschoben werden, die für die gewerkschaftliche Politik keine Relevanz besitzen. Die Teilhabe an Entscheidungen und das Gefühl, ernst genommen und respektiert zu werden, ist zum einen eine notwendige Haltung im Umgang der Jugendlichen untereinander bzw. mit dem Jugendsekretär; zum anderen gilt dieser Anspruch genauso für das Verhältnis der Gesamtorganisation zum Jugendbereich.

– Gewerkschaftliche Jugendarbeit setzt auf Professionalität. Die Jugendlichen nehmen ihre Arbeit ernst, wollen das, was sie tun, richtig machen, z. B. bei der Planung und Durchführung von Aktionen und Projekten oder in der Außendarstellung.

– Gewerkschaftliche Jugendarbeit ermöglicht Selbstbestimmung. Sie bietet den Jugendlichen im Engagement individuelle Entwicklungsperspektiven. Das Engagement für sich ist im gemeinsamen Engagement aufgehoben. Jugendliche wollen sich nicht altruistisch aufopfern. Da aber Solidarität nicht mit Altruismus zu verwechseln ist, gilt es, die Selbstentfaltungsansprüche aktiv zu unterstützen und gleichzeitig Emanzipation i. S. von Überwindung sozialer Abhängigkeiten und Beschränkungen zu befördern.

– Gewerkschaftliche Jugendarbeit bereitet Freude und Spaß. Jugendliche erwarten Spaß, wenn sie sich engagieren. Spaß ist unserer Meinung nach ein positiver Wert und es wäre verkürzt, die „heutige Jugend" damit gleich als Fun-Generation zu typisieren. Warum aber soll Politik und politisches Engagement nicht Spaß machen?! Tatsächlich erleben die meisten Jugendlichen die institutionalisierte Politik als langweilig, trocken und abstrakt. Spaß ist ihnen jedoch ein hoch besetzter Wert, der mit Lebendigkeit, Lebensfreunde, Humor und Lockerheit verbunden wird. Der Spaß hört dort auf, wo ihnen keiner zuhört, oder sie sich nicht für voll genommen fühlen. Jugendstudien belegen, dass politisches Engagement, Mitmachen, Dabeisein, Beachtetwerden, etwas in die Hand zu nehmen, etwas zu sagen haben und zu bewegen Spaß machen kann. Diese Erfahrung gilt es in der gewerkschaftlichen Jugendarbeit erlebbar zu machen. Spaß und Befriedigung kommen dann auf, wenn was für mich 'rüberkommt.

– Gewerkschaftliche Jugendarbeit schert die Jugendlichen nicht alle über einen Kamm. Sie ist anschlussfähig und nimmt die differenzierten Interessen und Lebenslagen zur Grundlage einer differenzierten Ansprache und eines subjektorientierten Konzepts. Dabei ist gewerkschaftliche Jugendarbeit nicht einfach die Summe partikularer Einzelinteressen, sondern begründet sich geradezu in der Bündelung zu einem Kollektivinteresse. Dies wird dann gelingen, wenn Themen in ihrer Differenziertheit und Vielschichtigkeit analysiert und bearbeitet werden und Betroffenheiten entsprechend den unterschiedlichen Lebenswelten und Hintergründen der Teilnehmer hergestellt werden. Das Interesse z. B. an einer qualifizierten Ausbildung haben alle gleichermaßen, auch wenn im kaufmännischen Bereich dabei u. U. andere Aspekte eine Rolle spielen als im gewerblichen Bereich.

Zu den IG Metall-Jugend-Richtlinien siehe Kapitel 3., Seite 58 ff.

– Gewerkschaftliche Jugendarbeit hat Strukturen. Strukturen und Richtlinien gewährleisten Beteiligung; zudem stellen sie i. S. von Professionalität eine effektive und damit akzeptierte Arbeitsform dar. Strukturen verfolgen keinen Selbstzweck. Sitzungen, Konferenzen und Gremien werden akzeptiert, sofern sie zielführend und funktional sind. Daraufhin ist der Rahmen gewerkschaftlicher Jugendarbeit immer wieder abzuklopfen. Trotz der Bedeutung von formalen Strukturen wünschen sich die Jugendlichen zugleich informelle Treffs und projektförmiges Arbeiten. Es geht beim Verhältnis von formellen und informellen Strukturen also weniger um ein „Entweder-oder" als vielmehr um ein „Sowohl-als auch". Gewerkschaftliche Jugendarbeit ist abwechslungsreich.

Um diesem Prinzip des „Sowohl als auch" gerecht zu werden, hat die IG Metall am 13.12.2001 neue „Richtlinien für die Jugendarbeit" verabschiedet. Wesentliches Ziel ist es, sowohl dem Bedürfnis von Jugendlichen nach Flexibilität, Projektorientierung und zeitlicher Befristung ihres Engagements als auch dem notwendigen Maß an Kontinuität und Verbindlichkeit in der Jugendarbeit gerecht zu werden.

Die IG Metall-Jugend verfügt über einen im Vergleich zu anderen großen Jugendverbänden sehr kleinen professionellen Apparat hauptamtlicher Jugendarbeiter/-innen und ist maßgeblich auf ehrenamtliches Engagement angewiesen. Innerorganisatorisch nimmt die IG Metall-Jugend eine durchaus bewusste Zwitterstellung ein. Sie ist einerseits eigenständiger Jugendverband innerhalb des „Dachverbandes" DGB-Jugend im Sinn des 1994 verabschiedeten Kinder- und Jugendhilfegesetzes. Demnach hat sie – um nach dem Gesetz auch als Jugendverband anerkannt zu werden – bestimmte eigenständige Entscheidungsmöglichkeiten und auf örtlicher, bezirklicher und Bundesebene eigene Ausschüsse und Beschlusskonferenzen. Andererseits ist sie Teil der Gesamtorganisation IG Metall und wirkt mit ihrer Arbeit auch in diese hinein (z. B. bei der Aufstellung von Tarifforderungen für den Jugendbereich, politischen Positionen etc.)

Die zwischen 1984 und 2001 auch für den Jugendbereich geltenden Personengruppenrichtlinien waren schon damals nicht auf der Höhe der Zeit und sind im Lauf der Jahre immer weiter veraltet. Charakteristisch waren relativ starre Bestimmungen für Mitwirkungsmöglichkeiten, die weitgehend auf die Arbeit in den zu wählenden Gremien und Ausschüssen beschränkt waren. Für diese waren Jugendliche

z. B. erst nach einjähriger Mitgliedschaft wählbar und dies, obwohl 80 Prozent aller Jugend- und Auszubildenden-Vertreter/-innen, die den Kern der gewerkschaftlichen Aktiven bilden, nach Erhebungen der IG Metall ihr Amt erstmalig und in der Regel ohne jede Ahnung von gewerkschaftspolitischen und betriebsverfassungsrechtlichen Hintergründen neu antreten. Weil diese Wahlen im Abstand von zwei Jahren stattfinden, liegt es nahe anzunehmen, dass nach den alten Richtlinien einem Großteil von ihnen die Mitwirkung in einem Jugendausschuss der IG Metall verwehrt blieb.

Völlig unmöglich waren Mitwirkungsmöglichkeiten von Nicht-Mitgliedern, die oft den Effekt haben können, eben diese vom Sinn gewerkschaftlicher Jugendarbeit und damit auch der Mitgliedschaft zu überzeugen.

Mit der Sitzung des Beirats vom 13.12.2001[3] wurde dieser Zustand, der in der örtlichen Arbeit längst durch Praxis überholt worden war, durch eine neue Richtlinie für die Jugendarbeit der IG Metall offiziell verabschiedet. Die neue Richtlinie bietet vor allem folgende Vorteile:

– die Anhebung der Altersgrenze für den Jugendbereich entsprechend dem Kinder- und Jugendhilfegesetz des Bundes auf das vollendete 27. Lebensjahr

– die Festschreibung des Status der IG Metall-Jugend als „eigenständiger Jugendverband" innerhalb der DGB-Jugend

– verbesserte Möglichkeiten, moderne Formen von Jugendarbeit wie Netzwerke, Projektgruppen etc. zu bilden, ohne dabei auf Jugendausschüsse als wichtigstes gewähltes Gremium auf örtlicher, bezirklicher und Bundesebene verzichten zu müssen

– bessere Mitwirkungsmöglichkeiten für die Jugend, vor allem auf der örtlichen Ebene

3 Der Beirat ist das höchste beschlussfassende Organ zwischen den Gewerkschaftstagen.

– vereinfachte Wahlbedingungen (aktives und passives Wahl-
recht bereits nach kurzer Zeit) für Ortsjugendausschüsse,
die der hohen Fluktuation im Jugendbereich gerecht werden

Über die Auswirkungen der neuen Jugend-Richtlinie in der
Praxis gibt es noch keine Erfahrungswerte. Von der Papier-
lage her ermöglichen vor allem die Ziffern 2.6. bis 2.8. den
Jugendlichen in der IG Metall auf örtlicher Ebene wesentlich
weitreichendere Mitbestimmungsmöglichkeiten als die bisher geltenden Bestimmungen.

Auszüge aus der Jugend-Richtlinie der IG Metall, gültig seit
1.1.2002:

2.6. *In der Delegiertenversammlung soll eine, dem örtlichen
Anteil an jungen IG Metall-Mitgliedern entsprechende Min-
destanzahl Jugendlicher berücksichtigt werden. Dies gilt
auch für den Ortsvorstand (OV). Ein/Eine Vertreter/-in der
Jugend ist mit beratender Stimme an den OV-Sitzungen zu
beteiligen.*

2.7. *Zur Finanzierung der örtlichen Jugendarbeit soll der
Ortsvorstand ausreichend Mittel zur Verfügung stellen (Ju-
gend-Budget). Der Ortsjugendausschuss beantragt für einzelne Aktivitäten die entsprechenden Mittel aus dem Ju-
gend-Budget beim Ortsvorstand.*

2.8 *Vor der Einstellung von Sekretären/-innen, die auch für
Jugendarbeit zuständig sind, ist der OJA in geeigneter Form
zu beteiligen. Der OJA kann dem OV Vorschläge machen.*

Bei der genauen Umsetzung ist aufgrund der getroffenen
Formulierungen ein Auslegungsspielraum möglich. Entschei-
dend ist, inwieweit es gelingt, die lokal verantwortlichen Ent-
scheidungsträger (Bevollmächtigte, Ortsvorstand) zu einer
möglichst offensiven Interpretation dieser Bestimmungen im
Sinn der Jugendlichen zu bewegen. Hier zeigt sich im konkreten Einzelfall, wie ernst die auf dem außerordentlichen
Gewerkschaftstag der IG Metall 1997 getroffene Verabredung genommen wird, Jugendarbeit als einen strategischen

Schwerpunkt der IG Metall zu begreifen. In anderen Verbänden oder örtlichen Gremien (z. B. Jugendparlamenten auf kommunaler Ebene) werden Jugendlichen seit einigen Jahren weit reichende Mitbestimmungsmöglichkeiten eingeräumt, um sie zu aktivem ehrenamtlichen Engagement zu bewegen. Die IG Metall muss diesen Weg ebenfalls beschreiten, um als Arbeitnehmer/-innen-Organisation auch langfristig durchsetzungsfähig zu bleiben.

„Ausbildung – Investition in die Zukunft" 4.
Der Stein kommt von unten ins Rollen
Eine Kampagne wird zum Selbstläufer

Die Qualität der Ausbildung 4.1
wird bei der IG Metall-Jugend zum Topthema

Die Qualität der Ausbildung stand am Ende der 90er Jahre bei der IG Metall-Jugend hoch im Kurs. Da die duale Berufsausbildung an zwei Lernorten, im Betrieb und in der Berufsschule, stattfindet, müssen *beide* in den Blickpunkt des Interesses gerückt werden, wenn von der Qualität der Berufsausbildung insgesamt gesprochen wird.

Was gab aber den Anstoß für die Kampagne „Ausbildung – Investition in die Zukunft", welche zu einem Selbstläufer in der gewerkschaftlichen Jugendarbeit geworden ist, der enorme Auswirkungen auf die Bereiche Betrieb, Politik, gewerkschaftliche Bildungsarbeit und auf die Mitgliederentwicklung hatte?

Qualität der Ausbildung im Betrieb und in der Berufsschule ist für die Jugend ein wichtiges Thema

In den Jugend- und Auszubildendenversammlungen, den Jugendseminaren und auf Treffen der örtlichen IG Metall-Jugend (Ortsjugendausschusssitzungen) zum Ende der 90er Jahre waren qualitative Mängel in der Ausbildung ein zentrales Thema.

Qualität der Ausbildung im Betrieb

Die Azubis klagten über eine Zunahme der ausbildungsfremden Tätigkeiten, sowohl nach Art, aber auch nach Dauer der Tätigkeiten. Die Ausbilder/-innen hatten nicht genügend Zeit, sich intensiv um die Azubis zu kümmern, oder waren gar nicht vorhanden. Ausbildungsmittel, Computer, Maschinen und Geräte wurden nicht, ungenügend oder nur in veraltetem Zustand bereitgestellt.

Ausbildungsfremde Tätigkeiten

Probleme in der Ausbildung gab es immer, aber die Schilderungen ließen darauf schließen, dass hier in einer Großzahl der Betriebe eine Entwicklung eingetreten war, die dringenden Handlungsbedarf signalisierte.

Wie kam es zu dieser Situation?

Sicher gab es objektive Gründe, die das Eintreten einer solch qualitativen Verschlechterung der Ausbildung plausibel erscheinen lassen. Das waren vor allem ökonomische Gründe.

Abbau der Ausbildungsplätze wirkte sich auf die Qualität der Ausbildung aus

Der einschneidende Abbau von Ausbildungsplätzen zu Beginn der 90er Jahre ist nicht nur ursächlich für den heutigen quantitativen Fachkräftemangel; auch der Mangel an hoch qualifiziert und zukunftsorientiert Ausgebildeten ist zum Teil dem Abbau der Ausbildungskapazitäten geschuldet. Das kurzfristige Kosten-Nutzen-Denken im Sinne des Shareholder-Values führte auch dazu, dass Ausbilder, die zuvor nur mit Ausbilderaufgaben betraut waren, zusätzliche Aufgaben erhielten – die Folge war eine verminderte Lernbegleitung. Intensive individuelle Betreuung der Auszubildenden und Rekapitulationen vor den Prüfungen waren die Ausnahme. Die natürliche Fluktuation bei den Ausbildern wurde nicht mehr ausgeglichen, oder es wurden ungenügend qualifizierte Facharbeiter mit Ausbildungsaufgaben betraut, die zwar fachlich hervorragten, aber keine pädagogischen Qualifikationen besaßen. Das Bearbeiten von Material ist etwas anderes als das „Arbeiten mit Menschen", so prädestiniert fachliche Kompetenz noch lange nicht für die Übernahme von Ausbildungsaufgaben. Bei Schließung oder Zweckentfremdung von Ausbildungswerkstätten wurden die noch verbliebenen Auszubildenden im Betriebsablauf, also bei der Produktion ausgebildet. Auch hier kam die Pädagogik zu kurz und es fand oft eine sehr speziell auf die betrieblichen Möglichkeiten bzw. Bedürfnisse ausgerichtete Ausbildung statt.

Wohlgemerkt: Diese Beschreibung trifft nicht auf alle Betriebe zu. Betriebe wiederum, die ihre Ausbildung nicht ganz einstellen wollten und weiterhin eigene Auszubildende hatten, sahen die Gefahr eines Qualitätsverlustes. Verbundausbildungsmodelle erschienen hier als relativ kostengünstige Alternative, die ein gewisses Qualitätsniveau sichern sollten.

In Großbetrieben, in denen die Ausbildung trotz Abbau immer noch einen vergleichsweise hohen Stellenwert einnahm, fand das Modell des „Profitcenters" gefallen. Dies hat zum Ziel, die Ausbildung verschärften ökonomischen Zwängen zu unterwerfen, d. h., es muss verwertbar produziert werden, so dass Ausbildungskosten kompensiert werden, ohne dass dabei der Charakter einer Ausbildung verloren geht. Meist wurde der eigentliche Hintergrund dieses Modells zu verschleiern versucht, indem hervorgehoben wurde, dass gerade die bisher vernachlässigten Anforderungen, wie Praxisnähe und Handlungsorientierung, dadurch gefördert würden. Da in den Großbetrieben die Interessenvertretung Betriebsrat und Jugend- und Auszubildendenvertretung ihr Mitbestimmungsrecht in Fragen der Ausbildung nutzen, ist es nicht zu leugnen, dass hierbei durchaus Ausbildungsmodelle entstanden sind, die Kostenreduzierung und innovative Ausbildung unter einen Hut bringen und somit Vorbildcharakter besitzen.

Ökonomisierung der Ausbildung bringt Veränderungen

Da aber die größte Anzahl der Ausbildungsbetriebe ein weitaus geringeres Budget für die Ausbildung haben bzw. zur Verfügung stellen, bleiben solche Modelle Ausnahmen, die auch nach der dritten Besichtigung im eigenen Ausbildungsbetrieb dann nicht umgesetzt werden.

Generell kann festgestellt werden, dass die Ausbildung oft nur unter Verwertungsgesichtspunkten betrachtet und nicht als Investition in die Zukunft gesehen wurde und wird.

Ausbildung als Investition in die Zukunft?

Das betrifft nicht nur die Unternehmen, sondern auch die Verantwortlichen in der Bildungspolitik. Denn die qualitative Situation an den gewerblichen und kaufmännischen Schulen führte bei den Jugendlichen zu noch größerer Empörung.

Ausbildungssituation an Berufsschulen

Qualität der Ausbildung in der Berufsschule

Das Problem ist der Lehrkräftemangel und die daraus resultierenden Folgen wie Stundenausfall, überlastete Lehrkräfte und ein Absinken der Qualität der „Lehre" an den Berufsschulen. Die Auszubildenden klagen über schlechte

Lehrkräftemangel und Stundenausfall

Lernbedingungen. Die Zeit zur ausführlichen Behandlung von Problemstellungen in der Ausbildung ist nicht mehr vorhanden. Die Lernortkooperation zwischen Betrieb und Berufsschule fehlt. Oft wurde von Spannungen zwischen Lehrkräften und Schüler/-innen berichtet. Hinzu kamen noch Verschlechterungen bei der Prüfungsregelung. Das Kultusministerium in Baden-Württemberg verkürzte die schriftliche Abschlussprüfung von drei Tagen auf zwei. Viele mussten deshalb sechs schriftliche Prüfungen an zwei Tagen ablegen. Für Jugendliche mit schulischen Problemen war dies eine zusätzliche Belastung, die sich spürbar auf die Noten auswirkte. Andere politische Entscheidungen (z. B. die Kürzung der Referendariatsbezüge) wirkten sich verschärfend auf die Situation aus. Die Kritik vonseiten der Gewerkschaftsjugend, die nicht erst seit gestern bestand, schien das Kultusministerium nicht zu interessieren.

Welche Brisanz in dem Beschriebenen liegt, wird deutlich, wenn man Folgendes betrachtet.

Technologische Entwicklung wirkt sich auf Anforderungen aus

Fast unbemerkt haben sich im Laufe der 90er Jahre zwei entscheidende Wandlungen vollzogen. Zum einen bekam die technologische Entwicklung ein rasantes Tempo, so dass die Veränderungen, die im Berufsleben daraus resultieren, immer deutlicher wahrnehmbar sind. Das können Veränderungen der Arbeitsorganisation, der Arbeitsmittel oder der Arbeitsmethoden sein. Der gesamte Globus spielt plötzlich am Arbeitsplatz eine Rolle, weil immer mehr unternehmerische Entscheidungen mit den angeblichen Sachzwängen der wirtschaftlichen Globalisierung begründet werden. Die Konsequenzen, die sich daraus für die Ausbildung im technologischen, organisatorischen und auch im methodischen Sinne ergeben, finden eine weitaus trägere Umsetzung, als sie von der Öffentlichkeit postuliert werden.

Globalisierung

Wenn Unternehmensverbände von Anforderungen wie Kommunikationsfähigkeit, Planungskompetenz und Ganzheitlichkeit reden, verwundert es schon, wenn die Auszubildenden immer noch U-Stahl feilen oder im kaufmännischen Bereich einen Großteil der Arbeitszeit mit Ablage beschäftigt sind.

Auszubildende nehmen diese Kluft zwischen Anspruch und Wirklichkeit wahr und verbinden das direkt mit ihrer Zukunftsperspektive. Und hier kommt nun etwas Entscheidendes hinzu, was den Erfolg der Kampagne „Ausbildung – Investition in die Zukunft" vermutlich erst ermöglichte. Gerade der Widerspruch zwischen den allgegenwärtigen Anforderungen der Wirtschaft und den tatsächlichen wahrgenommenen Ausbildungsverhältnissen führte innerhalb der IG Metall-Jugend zu einem verstärktem Interesse an der beruflichen Bildung. Vielen Jugendlichen wurde bewusst, dass, wer längerfristig eine auf das Berufsleben begründete gesicherte Existenz anstrebt, auch verstärkt Wert auf die qualitative Situation der Ausbildung legen muss.

Jugendliche haben Zukunft im Blick und nehmen Widersprüche wahr

Kurzum: Der Unmut über die weitverbreiteten schlechten Ausbildungsbedingungen brauchte ein Ventil.[4]

4 Die Qualität der betrieblichen Ausbildung sollte bereits Anfang der 90er Jahre mit der Kampagne „Checken und Verbessern" untersucht werden. Diese, auch bundesweit angelegte Kampagne, hatte bei weitem nicht die Resonanz wie die Kampagne „Ausbildung – Investition in die Zukunft".

Die Gründe hierfür sind vielfältig. Nicht nur die Ausbildungsplätze wurden zu dieser Zeit massiv abgebaut, auch ein enormer Stellenabbau zog sich durch die gesamte Metall- und Elektroindustrie. Das bedeutete, dass die Chance nach der Ausbildung übernommen zu werden, fast null war. Somit konzentrierten sich die gewerkschaftlichen Aktivitäten neben der Verhinderung des Ausbildungsplatzabbaus auch auf die Frage der Übernahme nach der Ausbildung. Die Kampagne „Deine Einstellung zählt" fasste diese Handlungsfelder zusammen. Schulabgänger sollten eine Chance auf Ausbildung erhalten, ausgelernte Facharbeiter eine Chance auf das Erwerben von Berufserfahrung und Vermeidung von Arbeitslosigkeit. Diese politischen Ziele banden die ganze Energie der Gewerkschaftsjugend, so dass die Frage der Qualität der Ausbildung ins Hintertreffen geriet. Mit dem damals bundesweit einmaligen Tarifvertrag zur Übernahme im Anschluss an die Ausbildung vom Frühjahr 1994 wurden die phantasievollen und öffentlichkeitswirksamen Aktionen von Erfolg gekrönt. Auch das Ringen um die Anzahl der Ausbildungsplätze, welches mit der politischen Forderung der Umlagefinanzierung realisiert werden sollte, fand in der Öffentlichkeit seinen Widerhall. Die beiden Großaktionen in der Bankenstadt Frankfurt a. M. (1996-1998), welche auch organisatorisch für die IG Metall-Jugend eine große Herausforderung darstellten, brachten die gesellschaftliche Verantwortung der Unternehmen und die Umverteilungsfrage auf die Tagesordnung der politischen Debatten. Die Umlagefinanzierung wurde zwar bis heute nicht realisiert, die IG Metall-Jugend konnte aber durch ihre unerschrockenen und zielgerichteten Aktionen eine breite Schicht der Bevölkerung erreichen und nimmt gerade deshalb – von Unternehmensverbänden und Parteien freilich nicht offen zugegeben – in der politischen Meinungsfindung von Jugendlichen eine nicht zu unterschätzende Position ein. Die Kampagne „Wer, wenn nicht wir!" im Vorfeld der Bundestagswahl 1998, in der laut für den Politikwechsel eingetreten wurde, war zumindest im Bezug auf den „Politikerwechsel" ebenfalls erfolgreich. Wen wundert es, dass bei

4.2 Die Kampagne „Ausbildung – Investition in die Zukunft"

Eine gute Ausbildung muß auf die Zukunft vorbereiten

Wenn man die Ausbildung verbessern will, müssen Ziele formuliert und Verbesserungsvorschläge gemacht werden. Man muss einen Weg aufzeigen, der die Richtung vorgibt. Ohne den Ausgangspunkt genau zu kennen, fällt es aber schwer, einen Weg zu beschreiben.

Der Ist-Zustand der Ausbildung musste gründlich bestimmt werden. Eine Art „TÜV für die Ausbildung" war die Idee für die Kampagne. Folglich sollte die Ausbildungsqualität beurteilt werden und – falls zutreffend – mit dem „Prädikat wertvoll – hier wird gut ausgebildet" zertifiziert werden.

Beteiligungsorientierte Kampagne

Über 10.000 Jugendliche haben sich in Baden-Württemberg an einer Fragebogenaktion beteiligt, die in den Betrieben und den Berufschulen durchgeführt wurde.

dieser Fülle von politischen Handlungsfeldern die Qualität der Ausbildung in den 90er Jahren nicht über das übliche Maß der betrieblichen Interessensvertretern gewerkschaftspolitisch fokussiert wurde. Es ist sogar wahrscheinlich, dass gerade die Verschärfung am Ausbildungsstellenmarkt und der daraus resultierende Konkurrenzkampf der Schulabgänger um die vermeintlich besten Ausbildungsplätze dazu führte, dass sich eher die Stimmung breit machte: „Sei froh, dass du überhaupt einen Ausbildungsplatz hast." Solch eine Einstellung behindert ein selbstbewusstes Auftreten gegenüber unzulänglichen Ausbildungsbedingungen. Dieses Verhalten scheint erklärbar, wenn man erst nach der fünfzigsten Bewerbung eine Zusage bekommt und sein (arbeits-)lebensdienliches Verhalten darauf ausrichtet, das Erreichte auch zu behalten. Besonders brisant ist es, wenn Jugendliche diese Erfahrung, die beim Einstieg in den bis dahin noch unbekannten Lebensabschnitt – das Arbeitsleben – gemacht wurde, durch ähnliche Erfahrungen in den ersten Jahren noch bestätigt sehen. Was bedeutet z. B. der Satz: „Der Chef sieht es nicht gern, wenn ihr miteinander redet."? Diese Aussage kann nur normativen (handlungsbezogenen) Charakter besitzen: Verhalte dich so, dass mögliche Entscheidungen, die der Chef trifft, nicht zu deinem Nachteil sind. Dies stellt ein notwendiges und unfreies Verhalten dar, um sich „mögliche Chancen nicht zu verbauen". Ein solchgeartetes Handlungsprinzip läßt die eigentlichen Interessen in den Hintergrund geraten.

Es ist nicht zu unterschätzen, welch wichtige Vorbildfunktion hierbei selbstbewusste Jugend- und Auszubildendenvertreter spielen, die ihre Interessen kommunizieren. Die Entwicklung zum mündigen Bürger ist mit dem Enden der Schulzeit nicht abgeschlossen und das Arbeitsleben hat einen nicht zu leugnenden gesellschaftsprägenden Charakter.

Die gesellschaftlichen Rahmenbedingungen zu Beginn der Kampagne „Ausbildung – Investition in die Zukunft" waren „günstiger", dies war sicherlich nicht unerheblich für die selbstbewußte Herangehensweise der Akteure und der letzlich erfolgreichen Durchführung.

Auf Jugend- und Auszubildendenversammlungen in den Betrieben wurde die Qualität der Ausbildung im Betrieb und in der Berufsschule thematisiert. Im Anschluss an die Versammlung wurden Fragebögen von den Azubis ausgefüllt. Die Fragen bezogen sich auf den gesamten Themenkomplex der Ausbildung: Die Ausstattung mit Lernmitteln, Maschinen und Geräten, die Betreuung durch Ausbildungspersonal, die Ausbildungsbedingungen sowie die Interessensvertretung wurden unter die Lupe genommen. Speziell entwickelte Zusatzfragebögen zur Ausbildungssituation an der Berufsschule, zur IT-Ausbildung, zur Ausbildung in Handwerks- und Großbetrieben erweiterten die Erkenntnisse über den derzeitigen Ist-Zustand der Ausbildungsqualität. Die Ergebnisse wurden in den Sitzungen der JAV und den Treffen der regionalen IG Metall-Jugend diskutiert. Anhand vorgegebener Kriterien wurden dann die Betriebe entweder mit dem „Prädikat wertvoll" ausgezeichnet oder es wurden die Gründe diskutiert, warum ein Betrieb das Prädikat (noch) nicht bekam. Die Auszeichnungen, die meist bei Jugend- und Auszubildendenversammlungen durchgeführt wurden, erbrachten ein enormes Medienecho. Ausgezeichnete Betriebe und ihre Ausbildungsverantwortlichen nahmen mit Stolz die Auszeichnung entgegen, in den Betrieben, in denen Mängel existierten, wurde die Ausbildungsqualität thematisiert und in manchen Betrieben, nachdem die Schwachstellen durch die Umfrage offen gelegt wurden, gezielt verbessert.

Auch in einigen Berufsschulen wurde die Fragebogenaktion durchgeführt. Auf SMV-Sitzungen wurde die Kampagne von „JAVis" oder von Gewerkschaftssekretären vorgestellt. Die Klassensprecher/-innen übernahmen die Verteilung der Fragebögen in ihren Klassen.

Spezielle Berufsschulaktionen dienten dazu, das Thema „Qualität der Ausbildung" mit Jugendlichen zu diskutieren, in deren Betrieben weder Betriebsrat noch JAV existiert. Hierbei wurde deutlich, dass die Qualität der Ausbildung vor allen in Kleinbetrieben dringend behandelt werden muss. Nicht selten sind hier Azubis einfach nur billige Arbeitskräfte. Eine Attraktion auf dem Pausenhof ist der „Funmog" der IG Metall-Jugend (ein speziell für gewerkschaftliche Aktionen

Die Aktionen waren vielfältig

Medienwirksame Kampagne

Fragebogenaktion in Berufsschulen

ausgerüsteter Unimog). Er ist für Berufsschulaktionen der beste „Infostand" und deshalb besonders geeignet.

Alle Betroffenen ziehen an einem Strang

Bei Gesprächen mit Berufsschullehrern wurde sichtbar, dass die Bemühungen um die Verbesserung der Ausbildungs-qualität eine gemeinsame Aufgabe aller Beteiligten ist. Bei Kritik an der Berufsschule wurde oft der schwarze Peter hin und her geschoben. Ausbilder kritisierten die Lehrer und umgekehrt, das gleiche Bild bei Auszubildenden und Leh-rern. Schulleiter nahmen die Lehrer in Schutz usw. Das Kul-tusministerium als eigentlich verantwortliche Stelle kam re-lativ glimpflich davon. Dies änderte sich nun, da erkannt wurde, dass der Lehrkräftemangel für die Misere verant-wortlich ist und viele Probleme daraus resultieren. (z. B. Stundenausfall bei Krankheit und Weiterbildung von Lehr-kräften, Motivationsmangel usw.) Im Rahmen dieser Akti-on wurde gleichzeitig die Rücknahme der Verkürzung der schriftlichen Abschlussprüfung eingefordert. Auch dies ge-schah mit Unterstützung der Lehrkräfte, die diese Maßnah-me ebenfalls als nicht praktikabel und für „Schwächere" be-nachteiligend empfanden.

Die politisch Verantwortlichen werden durch Aktionen unter Druck gesetzt

Parallel wurde und wird zwischen den Sozialpartnern über eine Neuordnung der Ausbildungsberufe im Metall- und Elektrobereich verhandelt. Hierbei geht es um eine Moder-nisierung der Ausbildungsinhalte und einer praxisorientier-ten Prüfung. Auch hier mischte sich die IG Metall-Jugend selbstbewusst ein, als der DIHT die Verhandlungsergebnis-se in Frage stellte und mit rückwärtsgewandten Vorstellun-gen zur Ausbildung die Modernisierung der Berufsausbil-dung gefährdete. Erstmals in der Geschichte der IG Metall demonstrierten mehrere hundert Jugendliche mit spekta-kulären Aktionen („Kammerjäger") vor der IHK in Stuttgart. Am gleichen Abend, als der Jugendtag der IG Metall Baden-Württemberg mit einer großen Party in Ludwigsburg ge-feiert wurde, erfuhren die Jugendlichen von ihrem Erfolg in Sachen Prüfungstage: Das Kultusministerium nahm die Ver-kürzung der schriftlichen Abschlussprüfung zurück und be-kannte, dass die Unterschriftenkampagne der IG Metall-Ju-gend und der dadurch erzeugte öffentliche Druck zu dieser Entscheidung geführt habe.

Die Kampagne „Ausbildung – Investition in die Zukunft" ist bewusst „offen" angelegt worden. Die Jugendlichen sollten selbst ihre Schwerpunkte festlegen und auch die Art der Durchführung selbst bestimmen. Die benötigten Materialien wurden zur Verfügung gestellt, dafür wurde eigens ein „Kampagnenordner" entwickelt. Wichtig war, dass über das jeweilige Vorgehen und über die Ergebnisse der Befragung auf der bezirklichen Ebene ein Austausch stattfand. Die Ergebnisse der Befragung konnten somit für ganz Baden-Württemberg ausgewertet werden. Die unterschiedlichen Ideen, die in den OJAs entstanden befruchteten die Kampagne insgesamt und bildeten eine Grundlage für eine lang angelegte Kampagne. Ein Betrieb, der das „Prädikat wertvoll" erhielt, kann sich nicht auf den Lorbeeren ausruhen, sondern ist gezwungen, das qualitative Niveau der Ausbildung zu halten und somit den Entwicklungen anzupassen.

Ausbildungsinhalte werden diskutiert

Gestaltungsoffene Kampagne

Die Kampagne ist in Baden-Württemberg in jeder Hinsicht sehr erfolgreich verlaufen. Grundsätzlich konnte die IG Metall-Jugend die Qualität der Ausbildung zum Topthema machen und gezielte Verbesserungen erreichen. JAVen und Azubis wurden aktiviert, sich für ihre Interessen stark zu machen. Die IG Metall-Jugend ist im Südwesten mit ihren jugendpolitischen Forderungen in Betrieb, Berufsschule und in der Öffentlichkeit eine ernst zu nehmende Größe geworden.

Die IG Metall-Jugend feiert erste Erfolge

Auch die Mitgliederentwicklung bestätigt, dass die IG Metall-Jugend mit dieser gewerkschaftspolitischen Aktionsform den Nerv getroffen hat. Seit Beginn der Kampagne hat die IG Metall-Jugend in Baden-Württemberg überdurchschnittlich hohe Mitgliederzuwächse.

Jugendliche identifizieren sich mit den Zielen der IG Metall-Jugend

siehe Kapitel 10., Erfolgreiche Mitgliederentwicklung Seite 141 ff.

Zum einen sind die Strukturen der IG Metall, die der Jugend einen wichtigen Rang beimessen, für den Erfolg der Kampagne verantwortlich, zum anderen kann nach der Analyse der IG-Metall-Jugendstudie festgestellt werden, dass gerade die Kampagne zur Ausbildungsqualität viele Voraussetzungen erfüllt, um heute eine erfolgreiche gewerkschaftliche Jugendarbeit aufzubauen.

Die IG-Metall-Jugendstudie gibt Auskunft über die Voraussetzungen, die gegeben sein müssen, damit sich Jugendliche engagieren.

Gewerkschaftliche Jugendarbeit muss teilnehmerorientiert sein.

Bei der Kampagne „Ausbildung – Investition in die Zukunft" spielt die Selbstentfaltung der Jugendlichen eine große Rolle. Wenn Jugendliche mitgestalten, so haben sie klare Ziele vor Augen. Wer sich für eine gute Ausbildung einsetzt, verfolgt damit das Ziel, auf das Berufsleben gut vorbereitet zu sein. Die Notwendigkeit einer qualitativ hochwertigen Ausbildung zur Verbesserung der eigenen Chancen auf einen guten (auch gut bezahlten) und sicheren Arbeitsplatz ist Jugendlichen bewusst. Dies wurde auch durch die Shell-Jugendstudie 2000 bestätigt. Jugendlichen ist heute klar, dass der spätere gesellschaftliche Status stark von der Ausbildung abhängig ist. Die IG-Metall-Jugendstudie hat gezeigt, dass die Arbeit eine große Rolle selbst in der Freizeit spielt. Folglich ist die Selbstentfaltung heute stark mit der Berufswelt verbunden. Wer sich also in einem bestimmten Beruf selbst verwirklichen will, hat ein großes Eigeninteresse an Rahmenbedingungen, die diesem Streben nicht entgegenstehen. Wenn diese Rahmenbedingungen aus der subjektiven Wahrnehmung nicht gegeben sind, entsteht der Wunsch nach Verbesserung.

Diese Grundhaltung der Jugendlichen hat es ermöglicht, dass das Thema „Qualität der Ausbildung" so viele Jugendliche angesprochen hat, so dass daraus eine Kampagne entstanden ist.

Jugendlichen muss die Teilhabe an Entscheidungen ermöglicht werden.

Jugendliche wollen aktiv mitgestalten. Die gewerkschaftliche Jugendarbeit muss ganz im Sinne des Wunsches nach Selbstentfaltung diese autonome Mitgestaltung ermöglichen. Das heißt, dass eine Teilhabe an Entscheidungen gegeben sein muss. Die Jugendlichen wollen kein vorgeplantes Konzept, welches Erfolg verspricht, der Erfolg muss vielmehr selbst organisiert werden. Somit ist auch die unabdingbare Voraussetzung für Engagement, die Selbstbestimmung, gegeben. Der Kampagnenordner beinhaltet Hintergrundinformationen zum Themenbereich „Qualität der Ausbildung", ist aber in erster Linie aktionsorientiert. Welche Aktionen auf welche Weise durchgeführt wurden, entschieden die JAVen im Betrieb. Im OJA wurden die Ergebnisse gesammelt und diskutiert. Durch die gewählten Vertreter wurden die Ergebnisse wiederum im bezirklichen Gremium, dem Bezirksjugendausschuss, diskutiert und Konsequenzen daraus gezogen. Daraus wurden z. B. Forderungen an die Politik formuliert oder die Vorgehensweise in den Berufsbildungsausschüssen der Kammern geplant.

siehe unter „Strukturen"
Seite 76 ff.

Gewerkschaftliche Jugendarbeit muss handlungsorientiert sein.

Die Aktion unterscheidet sich deshalb deutlich von politischen Debatten bei denen am Ende „nichts rauskommt", weil sie von vornherein auf Aktionen ausgerichtet war. Politik wird im allgemeinen Verständnis von Jugendlichen als nicht handlungsorientiert wahrgenommen. Gewerkschaftliche Jugendarbeit muss immer die Handlung im Blick haben und die Kampagne zeigt, wie vielfältig die Aktionen sind, die dann entwickelt werden – und gerade deshalb so ›politisch‹ sind. Die Jugendlichen sehen sich als Ursache z. B. für die erreichten Verbesserungen in der Ausbildung. Sie haben durch ihre Entscheidungen und ihre Zeit, die sie investiert haben, in ihren Alltag eingegriffen und ihre Interessen durchgesetzt. Dabei haben sie sich selbst weiterentwickelt und es kam für sie „was dabei heraus".

Jugendarbeit muss
Aneignungsmöglichkeiten bieten.

Die Kampagne war für viele Jugendlichen mit neuen Erfahrungen verbunden, die bei den Beteiligten Spuren hinterlassen haben.

Die Kampagne wurde in der Bildungsarbeit der IG Metall aufgenommen. Natürlich spielen auch die rechtlichen Mitbestimmungsmöglichkeiten in der Ausbildung für JAVen und Azubis eine Rolle. Hier wurde ein verstärktes Interesse an Seminaren festgestellt. Die Zunahme der gewählten Gremien bei der JAV-Wahl 2000 (über 11 % mehr JAVis im Vergleich zur JAV-Wahl 1998) dürfte auch zum Teil in der Kampagne begründet sein. Generell ist das als ein verstärktes Interesse an Mitbestimmung zu deuten. Neben den rechtlichen Kenntnissen sind aber die heute als soziale Kompetenzen bezeichneten Fähigkeiten, wie Kommunikationsfähigkeit, Konfliktfähigkeit, Durchsetzungs- und Einfühlvermögen für den Erfolg einer Kampagne unentbehrlich. Viele Jugendliche haben sich mit der Kampagne weiterentwickelt. Sie haben sich analytische Fähigkeiten angeeignet. Kritik wurde nicht pauschal, sondern auf Grundlage einer gründlichen Untersuchung (Fragebogenaktion) der Ausbildungsqualität geäußert. Es wurde konstruktive und differenzierte Kritik geübt.

Der Schulterschluss mit den ebenso von der Misere betroffenen Berufsschullehrern zeigt diese nutzenorientierte Herangehensweise an das Problem. Die pragmatische Haltung und nicht von Ideologien und alten Schwarz-Weiß-Denkmustern geprägte Einstellung ist heute ein Merkmal der Jugendlichen. Nicht „Teacher, leave us kids alone" ist die Devise, sondern „all together now", weil es der Sache nützlich ist.

Institutionen wie die Industrie- und Handelskammer und – im Zusammenhang mit der Unterschriftenliste gegen die Entscheidung des Kultusministeriums – politische Strukturen wurden kennen gelernt und durchschaubar gemacht. Der politische Horizont (ob nun von Jugendlichen so bezeichnet oder nicht) hat sich für viele Jugendliche erweitert und hat somit ihre Lebensumwelt verständlicher gemacht. Deshalb hat diese Kampagne für die beteiligten Jugendlichen einen hohen Gebrauchswert.

Die Ausbildung ist für Jugendliche Bestandteil der Lebenswelt. Die Gewerkschaft muss dabei der Aneignungs- und Möglichkeitsraum sein, um erstens aktiv auf diese Lebenswelt Einfluss zu nehmen und zweitens sich dabei selbst weiterentwickeln zu können. Deshalb stellt diese Kampagne auch keine passive Anpassung an die wirtschaftlichen Anforderungen dar, sondern ist eine Eigentätigkeit, bei der die Jugendlichen sich den Sachverhalt der Ausbildungsqualität selbst erschließen und sich aktiv zu eigen machen. Deshalb bietet die Gewerkschaft als Aneignungs- und Möglichkeitsraum genau den Gegenentwurf zur Anpassung und Passivität.

Gewerkschaftliche Jugendarbeit muss professionell sein.

Die Jugendlichen nehmen ihre Arbeit ernst und wollen sie auch richtig machen. Deshalb müssen bei der Planung und Durchführung von Kampagnen und Aktionen auch entsprechende Mittel zur Verfügung stehen, um einen professionellen Ablauf zu gewährleisten. Die Kampagne „Ausbildung – Investition in die Zukunft" wurde bei einem Seminar der IG Metall-Jugend konzeptionell erarbeitet. Der Vorstand der IG Metall bekam den Auftrag diese Kampagne professionell vorzubereiten. Das heißt, dass Hintergrundinformationen zur Verfügung stehen müssen, dass Zahlen und Fakten aufgearbeitet werden, dass Präsentationen mit der entsprechenden Technik zur Verfügung gestellt werden usw. Auch bei Aktionen muss die Technik auf dem neusten Stand sein. Bei der Veranstaltung vor der IHK in Stuttgart war der Ablauf minutiös geplant worden, ein professioneller Comedy-Künstler wurde engagiert, der den Ablauf begleitete. Der Funmog der IG Metall-Jugend in Baden-Württemberg mit seiner Topmusikanlage ist auch ein Stück Veranstaltungsprofessionalität. Was die Kommunikationswege anbelangt, so war die IG Metall-Jugend im Südwesten mit ihrer Mailbox „EOS", die

ABS für die Ausbildung"
(AusbildungsBewertungsSystem)

seit Anfang der 90er Jahre besteht, Trendsetter. Es wäre undenkbar und man ist unglaubwürdig, wenn z. B. mit com-
puterbegeisterten IT-Azubis eine Kampagne zur Qualität der
Ausbildung durchgeführt wird, ohne dabei selbst mit der
neusten Technik zu arbeiten. Deshalb wird für die JAV ein
Computerprogramm entwickelt, welches die Auswertung der
Fragebögen erleichtert und handlungsorientierte Vorschläge zur Problemlösung anbietet. Auch bei der Außendarstellung müssen professionelle Abläufe garantiert sein. Eine
Pressekonferenz muss im großen Stil organisiert werden. Di-
gitale Foto- und Videotechnik für die Dokumentation der Aktionen auch im Internet ist eine Selbstverständlichkeit. Auch

Allespach/Huber/Kehrbaum/
Novak: „Ausbildung – Investition
in die Zukunft"
Schüren Verlag 2001

die Dokumentation der Kampagne in Form eines Buches,
welches im Buchhandel erhältlich ist, rundet die professionelle Durchführung ab.

Gewerkschaftliche Jugendarbeit braucht Strukturen

Ohne die organisatorischen Strukturen der IG Metall-Jugend
die in den Richtlinien verankert sind und ohne die speziell
erweiterten Strukturen der Baden-Württemberger IG Metall-
Jugend wäre der Erfolg (vor allem die Aussagekraft der Umfrage) der Kampagne undenkbar gewesen.[5]

5 Dies wird deutlich wenn der strukturelle Ablauf der Aktion kurz nachge-
zeichnet wird. Die Idee zum „TÜV der Ausbildung" und zum „Prädikat wertvoll" entstand im OJA-BJA Seminar, dass einmal jährlich durchgeführt wird.
Zu diesem Seminar können alle Verwaltungsstellen des Landes jugendliche
Teilnehmer/-innen entsenden. Dieses Seminar ist eine Art Klausurtagung
der IG Metall-Jugend, bei der aber auch Kampagnen geplant werden. Auf
dem Seminar wurde ein Antrag zur beruflichen Bildung formuliert, der auf
der Bundesjugendkonferenz beschlossen wurde. Dadurch bekam die Abteilung Jugend beim Vorstand der IG Metall den Auftrag, eine Kampagne zu
erarbeiten. Der daraus resultierende Kampagnenordner wurde bei einer
BJA-Sitzung vorgestellt und die Umsetzung der Kampagne geplant. Das
Kernstück bildete die Fragebogenaktion. Der persönliche Bezug zu dieser
Kampagne war gegeben, weil die Idee selbst entwickelt wurde und auch
die Umsetzung hauptsächlich selbst gestaltet wurde. Die Strukturen, die
eine klare Aufgabenverteilung innerhalb der Gesamtorganisation festlegen,
die ein Umsetzen von Beschlüssen und gleichzeitig den Informationsfluss
der unterschiedlichen Ebenen gewährleisten, dürften der Grund für eine erfolgreiche Kampagnendurchführung sein. Wichtig für Jugendliche ist der
persönliche Bezug zu einer Kampagne und das Gefühl, in einer Organisation mit ihren Themen ernst genommen zu werden. Diese Voraussetzungen
waren bei der Kampagne „Ausbildung – Investition in die Zukunft" gegeben.
Die Strukturen in Baden-Württemberg sorgen gleichzeitig für ein hohes Maß
an Verbindlichkeit. Die „erweiterte" BJA-Sitzung in Markelfingen schafft

In Baden-Württemberg gibt es 26 Verwaltungsstellen der IG Metall. Jede hat einen so genannten Ortsjugendausschuss (5-20 Personen), der sich regelmäßig trifft. Die OJAs entsenden ihre Vertreter/-innen in den Bezirksjugendausschuss (ca. 60 Personen), der sich dreimal im Jahr trifft. Ein Treffen wird in Markelfingen am Bodensee durchgeführt. Hier trifft sich ein erweiterter Kreis (ca. 150-200 Personen), also auch interessierte Azubis. Dieses Treffen am Bodensee findet auf einem Zeltcamp statt und hat somit auch einen Freizeitcharakter. Der Bezirksjugendausschuss hat noch einen Unterausschuss gegründet, den so genannten Arbeitsausschuss. Hier treffen sich die Vertreter/-innen der einzelnen OJAs um Aktionen der IG Metall-Jugend tiefer zu diskutieren und ausführlich vorzubereiten. Den hauptamtlichen Gewerkschaftssekretär/-innen ist hier die Teilnahme verwehrt, so dass auch mal diskutiert werden kann, ohne dass der Hauptamtliche „seinen Senf dazu gibt".

Diese Strukturen und der dadurch intensivierte Austausch der gewerkschaftlichen Aktivitäten vor Ort ermöglicht eine effektive Arbeitsform und hat gleichzeitig auch motivierenden Charakter. Das wird besonders deutlich, wenn Kampagnen durchgeführt werden. Zu wissen, „was wir hier tun, findet gleichzeitig in allen OJAs statt", vermittelt ein Gefühl der Stärke und erhöht die Wahrscheinlichkeit einer erfolgreichen Aktion. Trotz der formalen Strukturen sind aber die informellen Treffs, die Arbeitsfeten, die projektbezogene Arbeit oder nur der gemeinsame Kino- oder Kneipenbesuch sehr

durch das „erlebnisorientierte" Ambiente am Bodensee optimale Bedingungen für ein intensives Arbeitswochenende. Die Workshops (Foto, Zeitung, Video, Musik usw.) sowie die Arbeitsgruppen zu gewerkschafts- und gesellschaftspolitischen Themen sind sehr ergebnisreich. Das dürfte dem Wechsel zwischen intensivem Diskutieren, Freizeit (Baden im See) und Geselligkeit (Disko- und Filmnächte) zu verdanken sein. Viele feste Freundschaften werden hier geschlossen, was die Zusammenarbeit intensiviert. Die Ergebnisse der Arbeitsgruppen gehen als Auftrag zur Weiterbearbeitung an den Arbeitsausschuss und werden hier nochmals diskutiert oder umgesetzt. Falls eine weitere Bearbeitung notwendig erscheint, wird das Thema in dem einwöchigen OJA-BJA-Seminar nochmals behandelt – ebenfalls mit konkretem Umsetzungsauftrag. Durch diese Struktur sind Diskussionsergebnisse gesichert und es entsteht ein hohes Maß an Verbindlichkeit und Motivation. Die Jugendlichen finden ihre Meinung in umgesetzten Kampagnen oder auch Broschüren, Flugblättern, Seminarkonzepten usw. wieder, und werden dadurch ernst genommen. Die Kampagne „Ausbildung – Investition in die Zukunft" ist auf diesem Wege entstanden.

wichtig. Denn bei aller Professionalität und zielgerichteten Herangehensweise dürfen der Spaß und die freundschaftlichen Beziehungen nicht zu kurz kommen.

Auch das ist eine zentrale Aussage der IG-Metall-Jugendstudie und wird bei den Interviews deutlich.

Die Akteure der Kampagne „Ausbildung – Investition in die Zukunft" haben durch eingreifendes Handeln viel bewirkt. Die Jugendlichen entwickeln selbst ein sinnhaftes Ventil für Frust und Ärger in der Ausbildung. Dabei entwickeln sie sich weiter und werden zu selbstbewussten, politisch Handelnden. Die Gewerkschaft bietet den Raum für Planung und Aktion.

Jugendliche haben als Teil der Gesellschaft immer spezielle Interessen. Wenn eine Gewerkschaft die oben genannten Voraussetzungen für Engagement erfüllt, wird die Jugend innerhalb der Gewerkschaften wieder eine große Gruppe darstellen – der Mitgliederzuwachs bei der IG Metall-Jugend in Baden-Württemberg bestätigt das.

4.4   Herausforderungen

Die Teilnehmerorientierung als Voraussetzung für Engagement ist nicht immer leicht umzusetzen. Generell kann das „Mitmach-Angebot" bei der Gewerkschaft vor Ort vielfältig sein. Themen wie Antirassismus, internationale Solidarität oder Tarifpolitik sprechen unterschiedliche Jugendliche an. Bei dem Thema Qualität der Ausbildung beschränkt sich der Teilnehmerkreis natürlich auf Jugendliche, die einen Ausbildungsplatz haben. Was ist aber mit denen, die auf Grund von Ausleseprozessen in der Schule und den Unternehmen keine Chance bekommen. Die Gewerkschaft muss gerade hier ihre gesellschaftliche Verantwortung wahrnehmen. Ebenso wie die Forderung nach einer Umlagefinanzierung mit dem Ziel, mehr Ausbildungsplätze zu bekommen. Bei dieser Kampagne haben sich viele Jugendliche, die bereits eine Ausbildungsstelle hatten, für die Schulabgänger/-innen eingesetzt. Wenn eine Gewerkschaft die Qualität der Ausbildung kampagnenartig einfordert, so müssen Konzepte entwickelt werden, die auch so genannten benachteiligten Jugendlichen eine Chance auf gesellschaftliche Teilhabe bieten. Nicht selten müssen sich Gewerkschaften den Vorwurf gefallen lassen, sie würden nur einseitige Interessenspolitik für „Besitzende" machen. Die Sozialpartner in Baden-Württemberg versuchen derzeit, durch ein spezielles Förderkonzept benachteiligte Jugendlichc eine reguläre Ausbildung durchlaufen zu lassen. Das zeigt, dass eine teilnehmerorientierte Jugendarbeit über den Tellerrand der bisherigen Aktiven hinausgehen muss, weil gerade da gesellschaftliche Probleme prekär sind.

Ein erhöhtes gesellschafts- und gewerkschaftspolitisches Engagement von Jugendlichen ist wünschenswert. Es ist deshalb für die IG Metall eine weitere Herausforderung das Engagement, welches bei der Kampagne zur Ausbildungsqualität sichtbar wurde, auf weitere Bereiche auszudehnen. Die Studie hat ergeben, dass Jugendliche nur punktuell auf ein Thema bezogen ein hohes Maß an Aktivität entwickeln. Für Gewerkschaften ist aber eine kontinuierliche Mitarbeit ihrer Mitglieder in den Gremien überlebenswichtig. Tarifpolitik, Frauenpolitik und eben auch Jugendarbeit wird maßgeblich von Mitgliedern getragen, die einige Erfahrungen in der Gewerkschaftsarbeit vorzuweisen haben. Diesen Spagat zu schaffen, zwischen teilnehmerorientierten Freiräumen und organisationsspezifisch strukturierter Mitarbeit in der gewerkschaftlichen Jugendarbeit, ist eine ernst zu nehmende Herausforderung.

Die Frage des zeitlichen und personellen Aufwands schließt sich hier nahtlos an. Um die Voraussetzungen für Engagement zu schaffen, die Erfolg versprechend sind, ist bei den Gewerkschaften eine verbesserte personelle Ausstattung dringend geboten. Dies ist für Gewerkschaften eine finanzielle und strukturelle Herausforderung. Um Jugendarbeit in den Gewerkschaften nach den oben beschrieben Kriterien auszurichten, ist eine konzeptionelle Herangehensweise geboten. Die Erfahrungen in Baden-Württemberg und Bayern, wo in der letzten Zeit vermehrt junge Gewerkschaftssekretäre eingestellt wurden, zeigen dass hinsichtlich der Aktivierung von Jugendlichen und somit auch der Mitgliederentwicklung so die besten Erfolge erzielt werden. Junge Gewerkschaftssekretäre kennen eher die „sozialen Räume"und die Orientierungen der heutigen Jugend. Das wirkt sich positiv auf die Jugendarbeit aus. Doch sobald junge Hauptamtliche in ihrem Tätigkeitsbereich eingearbeitet sind, nimmt sehr schnell das Alltagsgeschäft eines Gewerkschaftssekretärs die Zeit in Anspruch, die für eine Jugendarbeit im Sinne eines Projektes notwendig wäre. Auch diesbezüglich muss eine Gewerkschaft strukturelle und organisatorische Antworten finden – dann klappt's auch mit der Jugend.

Breites Aktionsspektrum

Die IG Metall-Jugend führt regelmäßig Aktionen und Aktivitäten unterschiedlichster Art und Zielsetzung durch. Das können Warnstreiks vor dem Verhandlungslokal im Rahmen der Tarifbewegungen genauso sein, wie politische Demonstrationen und Kundgebungen. Eine „Aktion" zu machen kann aber auch heißen, Befragungen in den Betrieben durchzuführen.

siehe Kapitel 4.2, Seite 68 ff. So z. B. hat die IG Metall-Jugend in Baden-Württemberg 1998 eine großangelegte Kampagne mit dem Titel „Ausbildung – Investition in die Zukunft" durchgeführt, bei der ca. 10.000 Auszubildende hinsichtlich der Qualität ihrer Ausbildung befragt wurden – vielfältige Aktionen und Maßnahmen in der Vorbereitung wie auch im Nachgang rundeten die Kampagne ab. Bei einer anderen Gelegenheit demonstrierten kurzfristig mehr als tausend Jugendliche für ihre Tarifforderung nach einer gerechteren Vergütungsentwicklung. Bei der „Kammerjäger-Aktion" ging es darum, verkrustete Blockadehaltungen der Industrie- und Handelskammern aufzubrechen.

Ob Tarifverhandlungen oder Gesellschaftspolitik: die IG Metall-Jugend beweist Sachverstand und Aktionskompetenz

Aber auch ganz umfangreiche, bundesweite Aktionen werden von der IG Metall-Jugend immer wieder initiiert. So z. B. 1998, als ca. 40.000 Jugendliche in die Bankenstadt Frankfurt strömten, um ihrem Unmut über die konservative Jugend- und Bildungspolitik der Kohl-Regierung Luft zu verschaffen.

Dies sind nur einige Beispiele, um die Bandbreite gewerkschaftlichen Handelns im Jugendbereich zu veranschaulichen. Aber egal, ob es um die „große Kampagne" auf den Straßen geht oder im Kleinen um eine gut vorbereitete Jugendversammlung – durch das Handeln wird gelernt bzw. das Handeln unterstützt und befördert Lernprozesse und politische Einsichten. Politische Bildung als eine Aufgabe von Gewerkschaften und das Durchführen von Aktionen gehören also zusammen.

Natürlich geht es bei den Aktionen nicht vordergründig um Lerneffekte, um Erfahrungszugewinne. Wenn die IG Metall-Jugend eine Aktion durchführt, dann ganz einfach der unmittelbaren Zielsetzung wegen, die sie bei der jeweiligen Kampagne hat. Wenn man eine solche Aktion konzipiert, *dann lässt sie sich aber gleichzeitig auch daraufhin überprüfen, ob und wie sie geeignet ist, Erkenntnisfortschritte bei den Teilnehmenden zu fördern.* Beispielsweise wird man auch darauf achten wollen, dass eine Aktion Spaß macht – trotzdem käme niemand auf die Idee, dass man sie des Spaßes wegen macht. Man macht sie eben auch des Spaßes wegen. Ebenso könnte man darauf achten, dass die Rahmenbedingungen einer Aktion dazu geeignet sind, Lerneffekte zu erzielen. Nicht um des Lernens Willen, aber auch deswegen. Politisches Lernen und politische Jugendaktionen bilden eine Einheit.

Kein Aktionismus – Lernen und Handeln gehört zusammen

Anknüpfungspunkte für politisches Lernen   5.1

Die Lernansätze könnte man grob in zwei Bereiche aufteilen: In Einsichten, die auf das politische Bewusstsein zielen und in sachliche, *unmittelbare Aktionskompetenzen.*

Politische Einsichten und Erkenntnisse aus Handlungen   5.1.1

Wer an einer Aktion teilnimmt, das geht nicht nur Jugendlichen so, der möchte auch sehen, dass die Handlung Wirkung zeigt. Zum Beispiel soll die Öffentlichkeit die politische Botschaft wahrnehmen, oder die gewonnen Erkenntnisse einer Umfrage sollen eine Änderung der Umstände herbeiführen. Auf jeden Fall muss der Teilnehmende die Resonanz

Die Verhältnisse sind veränderbar!

seiner Handlung erfahren. Die Resonanz wäre etwa dann wahrnehmbar, wenn die Personalabteilung eines Ausbildungsbetriebes nach Protesten der Jugendlichen tatsächlich einen zusätzlichen Ausbilder einstellt oder wenn nach einer öffentlichen Kundgebung die Medien darüber berichten.

Wer das erfährt, merkt: *An den bestehenden Umständen lässt sich durchaus etwas verändern!* Sich als aktiv handelndes Subjekt zu erleben ist eine zentrale Erfahrung. Die vielerorts anzutreffende, resignative Haltung „an den bestehenden Verhältnissen lässt sich ja doch nichts ändern", wird dort durchbrochen, wo Jugendliche für ihre politische Haltung aktiv eintreten.

Noch ein anderer Aspekt erscheint uns wichtig: Im Wirrwarr von Medien und Werbung, Wahlkampf und Öffentlichkeitsarbeit lässt sich mitunter nicht sofort unterscheiden, *wer* eigentlich *welche* politischen Interessen vertritt. Zum Beispiel werben alle politischen Parteien um die Gruppe der „Arbeitenden", aber wer steht den abhängig Beschäftigten wirklich am nächsten?

Wer zu einem bestimmten Thema aktiv ist, der erfährt sehr schnell, wo Widerstände sind, welche Fraktion oder welche Zeitung sich zu konkreten Themen wie positioniert. *Dies schärft den Blick der politischen Akteure*. Es verdeutlicht die Positionen im politischen Spektrum und hilft bei der Einschätzung von politisch Handelnden. Auch das ist politische Bildung: die Fähigkeit zur Politik*analyse*. Wer politische Vorgänge analysieren will, muss die handelnden Akteure kennen.

5.1.2   Aktionskompetenzen

Neben den oben dargestellten, auf das Bewusstsein zielenden Erfahrungsgewinnen ergeben sich bei Planung und Durchführung einer Aktion noch zahlreiche weitere Gelegenheiten, bei denen unmittelbare, handlungsrelevante Erkenntnisse erschlossen werden können. Obwohl es im einzelnen natürlich darauf ankommt, was genau geplant wird, gibt es eine gewisse Struktur, an die man sich mehr oder minder anlehnen kann. Zur Veranschaulichung wollen wir nachfolgend eine Aktion der IG Metall-Jugend etwas genauer betrachten. Dabei werden wir die Gruppe der Mitorganisatoren von der Gruppe der „Nur"-Teilnehmer unterscheiden.

Aktionskompetenzen für Mitorganisatoren   5.1.2.1

Unter Mitorganisatoren verstehen wir all jene, die in irgend einer Weise mit der Organisation der Aktion betraut sind. Die jugendlichen Funktionäre, z. B. Jugend- und Auszubildendenvertreter und jugendliche Vertrauensleute, sind bei der Kommunikation der Forderung im Willensbildungsprozess und bei der Mobilisierung in besonderer Weise gefordert, aber vergleichsweise hoch ist auch das Lernpotenzial! Doch der Reihe nach. Welche Schritte werden gegangen, welche Entscheidungen werden getroffen von der Idee, bis zur Nachbereitung?

Aktive in der gewerkschaftlichen Jugendarbeit: Besonders gefordert, aber auch besondere Lernchancen!

Die Willensbildung

Im Oktober 2000 versammelten sich ca. 14.000 Jugendliche aus der ganzen Republik am Sitz der Regierung in Berlin, um einer Reihe von Forderungen, z. B. der nach einer solidarischen Ausbildungsfinanzierung („Wer nicht ausbildet, muss zahlen"), Nachdruck zu verleihen. Wie kam es zu dieser Forderung? Wer hat sie eigentlich aufgestellt?

Einige Schritte auf dem Weg zur Aktion

Eigenverantwortlichkeit ist eine wichtige Voraussetzung für den Erfolg. Eine *Jugend*aktion muss von den *Jugendlichen* selbst geplant und durchgeführt werden. Ohne die Möglichkeit der Mitgestaltung können die Aktiven (und gleichzeitig Lernenden) sich nicht als zur Selbstbestimmung herausgeforderte, mitbestimmungsfähige Subjekte erfahren, wird ihre Rolle auf die eines Objektes begrenzt. Das heißt nicht, dass jeder Teilnehmende auch Mitorganisator sein muss. Glaubwürdigkeit und damit auch Anziehungskraft gewinnt die Aktivität aber maßgeblich dann, wenn sie in der Sprache der Jugendlichen und entlang den Bedürfnissen und Interessen der Jugendlichen konzipiert ist. Die Entscheidung, nach Berlin zu fahren, traf deshalb nicht allein der Gewerkschaftsvorstand, der ja die finanziellen Mittel bereitstellen musste, sondern zunächst der ehrenamtliche Bundesjugendausschuss. Dort wurden die Meinungen und Diskussionen der jugendlichen IG Metaller/-innen aus den Betrieben, Verwaltungsstellen und den Ortsjugendausschüssen zusammengetragen und gebündelt. *Damit der kollektive Wille der Jugendlichen formuliert werden kann, sind alle Funktionsträger dazu angehalten, den Prozess der Willensbildung zu organisieren, d. h. z. B. Stimmungen zu erkennen, Forderungen zu vertreten und gemeinsam Positionen zu finden.*

Das verweist auf die Notwendigkeit hinreichender Sensibilität gegenüber der Gruppe. *Der Jugendvertreter/die Jugendvertreterin braucht also entsprechende kommunikative Fähigkeiten, muss den „Draht zu den Kollegen" suchen, um zum einen eine Position glaubwürdig vertreten und zum anderen beurteilen zu können, ob der vorgebrachte Gedanke von den Mitgliedern unterstützt und getragen wird.* Dabei können speziellere Fähigkeiten entwickelt werden, die beispielsweise in einem Seminar nur abstrakter hätten vermittelt werden können.

Die Willensbildung verlangt also mehr als die Einschätzung von Stimmungen. Willensbildung setzt einen lebendigen Gedankenaustausch voraus. Zum Beispiel können Jugend- oder Abteilungsversammlungen dafür genutzt werden. Neben den gewohnten Tagesordnungspunkten, könnte dann ein Punkt für die Frage reserviert sein, ob eine geplante Aktion der IG Metall-Jugend nach Ansicht der Versammlungsteilnehmer sinnvoll erscheint oder inwieweit Veränderungen gewünscht werden.

Auf welchen Wegen unsere Kollegen/-innen bei der Aktion in Berlin dabei „den Draht" gesucht haben, lässt sich hier natürlich nicht im Einzelnen rekonstruieren. Mancherorts ist das eine Abteilungs- oder Jugendversammlung gewesen, oder aber, vor allem in kleineren Betrieben, einfach ein Gespräch im kleineren Kreis, z. B. im Pausenraum. Auf jeden Fall hat es stattgefunden – das beweisen die vielfältigen Rückmeldungen.

Um solche Prozesse zu fördern, müssen die Jugendvertreter vor Ort wissen, worum es geht und wie das Thema vielleicht auf den eigenen betrieblichen und örtlichen Zusammenhang angewendet werden könnte. Das heißt, bei komplexeren Fragen gilt: *Wer die Idee vortragen und vertreten will, der muss sich mit der Materie kompetent vertraut machen.* Er/sie interessiert sich also von (Ehren-)Amts wegen für den politischen Background der Aktion, muss den Handlungsgegenstand erfassen. Auch hier also ein „Lernbaustein", wenn man so will, denn man durchschaut ein Thema gerade dann am besten, wenn man für sich selbst die Hintergründe aufarbeiten und sie anderen gegenüber kommunizieren muss.

Die Planung

In der Phase der Planung geht es um die praktische Organisation – neben einem Zeitplan müssen Verantwortlichkeiten und Aufgabenverteilung geklärt werden. Evtl. müssen Busse geordert und Rabatte ausgehandelt werden. Kurzum: Von der Anmeldung der Demo, bis zur Bereitstellung von sanitären Einrichtungen müssen viele Entscheidungen getroffen werden. Abgesehen von den praktischen Informationen (Wo melde ich eigentlich eine Demo an?) *lernt der Organisator an dieser Stelle konzeptionelles Arbeiten.*

Inhaltliche Vorbereitung

Auch bei der inhaltlichen Vorbereitung kommt es natürlich auf die Forderung bzw. die Zielsetzung an. Es müssen Forderungen formuliert und Schwerpunkte ausgewählt werden. Prioritäten werden geklärt und im Entscheidungsfindungsprozess wird *zusammengetragen, ausgewählt, und letztlich werden die zentralen Forderungen plakativ kommuniziert.*

Der Festlegung der Kernforderungen für Berlin gingen beispielsweise Seminare und Veranstaltungen voraus, bei denen die Teilnehmer/-innen diskutierten und sich für die ihrer Meinung nach wichtigsten Forderungen entschieden. Auch wurden die Inhalte bzw. ihre Gewichtung in den einzelnen

Ortsjugendausschüssen besprochen, deren Vertreter dann die zusammengefasste Diskussion in die bezirklichen Jugendausschüsse weitertrugen.

Die Mobilisierung

Ist die Aktion geplant und spruchreif, dann wird auf allen Ebenen, in allen Strukturen der IG Metall-Jugend dafür geworben. Die Jugendvertreter, OJA-Mitglieder, Jugend- und Auszubildendenvertreter, Betriebsräte, Vertrauensleute werden mit den Kollegen/-innen reden, sie für sich gewinnen, sie vom Wert des Mitmachens überzeugen. *Das schärft die Überzeugungskraft.*

Die Durchführung

Wer schon mal die Gelegenheiten hatte, an einem solchen Projekt teilzunehmen, bzw. wer dabei Einblicke hinter die Kulissen hatte, der weiß, nicht alles funktioniert so wie am Reißbrett. Improvisationstalent ist genauso gefragt wie schnelle Reaktionen. Die Verantwortlichen – seien es die des eigentlichen „Planungsteams" oder seien es z. B. Ordner – bei ihnen allen ist ein hohes Maß an *sozialer Kompetenz gefragt, wenn sie in überraschenden Situationen die Nerven bewahren und den Überblick behalten müssen.* Klar wird der mit der Verantwortung betraute Jugendliche auch hier einen Erfahrungsgewinn erzielen.

Als z. B. in Berlin gegen Ende der Aktion plötzlich die rund 200 Busse, die für den Heimtransport der Teilnehmer gedacht waren, an völlig anderen Stellen warteten, als das die Teilnehmer und Organisatoren erwartet hatten, war, wie man sich vielleicht denken kann, plötzlich sehr viel umzudisponieren. Weil aber jeder Bus, bzw. jede Verwaltungsstelle im Vorfeld einen „Busverantwortlichen" benannt hatte und diese in die Umorganisation eingespannt werden konnten, kam im Laufe der Nacht auch jeder wieder nach Hause …

Eine Nachbereitung

Im Nachgang einer Kampagne oder einer irgendwie gearteten Aktion empfiehlt sich unbedingt eine Phase der Reflexion. Das Geschehene soll dabei in einem – durchaus kritischen – Erfahrungsaustausch beleuchtet werden. Sind die Ziele der Aktion erreicht worden? Konnten wir auf uns aufmerksam machen? Ist es uns gelungen, die Öffentlichkeit in unserem Sinne zu gewinnen?

Umfassende Reflexion: Kritisch analysieren

Und auch sachliche Fragen – was hätte besser funktionieren müssen, wo lagen strukturelle Schwachstellen. *Hierbei ist analytisches Denken gefordert – die Akteure üben das selbstkritische Bewerten ihres Handelns.* Man spricht hier von „reflexiver" Handlungsfähigkeit bzw. reflexivem Lernen. Weil reflexives Lernen sowohl für Funktionsträger der Aktion als auch für „einfache" Teilnehmer höchst nützlich ist, werden wir diesen Gedanken weiter unten noch mal konkret aufgreifen.

Wenn wir zusammenfassen ...

Alles in allem verlangt die gemeinsame Planung und Durchführung einer Aktion Handlungskompetenz und Engagement auf allen Ebenen – von der Willensbildung über die Durchführung bis hin zur Reflexion der Ereignisse. Beteiligte entwickeln *kommunikative Fähigkeiten; Überzeugungsfähigkeit, ein kritisch-reflexives Denken, soziale Kompetenz* und die Fähigkeit zum *konzeptionellen Arbeiten.*

Die unmittelbaren Erkenntnisse für „Nur"-Teilnehmer   5.1.2.2

Die Teilnehmenden erleben die Situation aus einem anderen Blickwinkel. Wie ist die Perspektive der vielen Akteure, die eben „einfach nur teilnehmen"?

Durch Partizipation setzen sich die potenziellen Aktionsteilnehmer frühzeitig mit den Inhalten der Sache auseinander, die Aktion wird mit als Ergebnis eigenen Wollens erlebbar.

Partizipation meint Beteiligung

Zum Beispiel können sie im Rahmen einer Jugendversammlung, wie oben beschrieben, beteiligt werden. Die Teilnehmer lernen hier ihre jeweiligen Handlungsgründe aufeinander *abzustimmen*, eigene Positionen und Handlungsmotive zu *artikulieren* und *wirkungsvoll zu begründen*, so Bernd Dewe, Hochschullehrer für Erwachsenenbildung und berufliche Weiterbildung in Halle - Wittenberg in seinem Buch „Lernen zwischen Vergewisserung und Ungewissheit" (1999, S. 113). Laut Dewe liegt einer der entscheidenden Lernansätze darin, dass versucht wird, Handlungssituationen aus der Perspektive von Interaktionspartnern zu beurteilen, Kommunikationsstörungen – etwa Missverständnisse – aufzuarbeiten und im Interesse eines Konsenses dem besseren Argument Geltung zu verschaffen.

Allein die Auseinandersetzung mit dem Thema führt schon zu mehr Erkenntnis. *Eine zentrale Erfahrung ist, sich über die eigenen Interessen klar zu werden, gemeinsame Interessen zu bündeln und kollektiv zu vertreten.* Die jugendlichen Teilnehmer spüren sozusagen „learning by doing", dass gemeinsames, solidarisches Auftreten mehr Wirkung entfalten kann als das eines Einzelnen.

Auch *Begriffe* und *Begriffszusammenhänge* können besser erfasst werden. Beispielsweise sehen jugendliche Arbeitnehmer, so die Schlussfolgerung aus der Jugendstudie von Held und Bibouche, Politik häufig nur in ihrer Erscheinungsform als *Parteipolitik*. Teilnehmende an einer Aktion sehen am praktischen Beispiel, was noch Politik sein kann, und erweitern so ihren Begriffshorizont. Oder um ein ganz anderes Beispiel anzuführen, ebenfalls aus der Jugendstudie: Jugendliche sehen den *Kulturbegriff* häufig nur als Bezeichnung für die *Hochkultur*. Wer an Jugendfestivals oder Konzerten der Gewerkschaftsjugend teilnimmt, erkennt jedoch schnell, dass „Kultur erleben" nicht nur den Museumsbesuch meinen muss.

5.1.3   Reflexives Lernen

Eine wichtige Phase im Erfahrungslernen stellt die Reflexion dar. Zur kompetenten Bewältigung von Ereignissen, so Hans

Aebli, gehört die Fähigkeit, in Distanz zum persönlichen, unmittelbaren Wahrnehmen und Handeln, dieses im Kontext der gegebenen Rahmenbedingungen zu reflektieren, die eigene Handlung in ihrer situativen Logik transparent zu machen, um später wieder – darauf aufbauende – Erfahrungen und Handlungsweisen korrigieren oder ersetzen zu können (Aebli 1995, 202). Die ganze Aktion wird in ihren Lernchancen gehaltvoller, wenn man nach Ablauf das Geschehene reflektiert. Wie kann das in der Praxis aussehen?

Hans Aebli lehrte Entwicklungspsychologie an der Universität Bern

In aktionsbezogenen Reflexionen werden gegenseitig die jeweiligen Perspektiven aufgezeigt und konfrontativ an „Gewissheiten" gerüttelt. All das dient der Freisetzung sozialer Phantasie, spornt zu Ideen an. Laut Aebli geht es hierbei zuallererst darum, die subjektive Einschätzung des Abgelaufenen aus der subjektiven „Ecke" herauszuholen, und die Sicht mehrerer Akteure aufzuzeigen. Dadurch soll zunächst eine gewisse Objektivität hergestellt werden, so dass der einzelne die Sicht des jeweils anderen kennen lernt, wodurch die Materie an Transparenz gewinnt. Es wird gleichsam näherungsweise ein Bild der objektiven Wirklichkeit skizziert. Bei diesem Bemühen soll gezielt nach Irritationen gefragt werden. Etwa: „Was fällt mir im Rückblick auf?", „Was war widersprüchlich?", „Was war unbefriedigend?" Auf diese Weise soll die Anordnung, die Konzeption des Geschehens rekonstruiert werden. Es muss deutlich werden, mit welchem Ziel die einzelnen Schritte des vorangegangenen Handlungsablaufs einsetzten und warum sie geeignet waren, die Teilziele zu erreichen. Über das Zusammenwirken einzelner Maßnahmen muss ein Überblick geschaffen werden. Die Struktur des Handelns muss also klar werden.

An „Gewissheiten" rütteln, die Struktur offen legen

Dann, wenn das ganze Konstrukt, wie ein Gerüst enthüllt wird, lassen sich Entgleisungen im System genauso erkennen wie das eigene Handeln, das für sich genommen noch passend und zweckmäßig erscheinen kann, im Zusammenhang mit dem Handeln der Gleichgesinnten aber vielleicht nicht mehr so optimal ist.

In der Konsequenz dieses Verfahrens ist es laut Dewe ratsam, konfrontative Fragestellungen zuzulassen, zu fördern und Deutungen in Frage zu stellen, bzw. Gegendeutungen auszuprobieren.

5.2 Herausforderungen

Politische Aktionen bieten eine gute Gelegenheit für Erfahrungs- und Kenntnisgewinne. Wenn wir diese Form des Lernens mit schulischem oder – allgemeiner gesprochen – theoretischem Lernen vergleichen, dann zeigt sich als vielleicht augenfälligster Vorteil, dass Lernende durch Handeln gemachte Erfahrung viel lebhafter und konkreter verinnerlichen. Vielleicht kann man sich auch im Gemeinschaftskundeunterricht und bei Seminaren anhören, dass sich die Gewerkschaftsjugend etwa für mehr Ausbildungsplätze engagiert, bestimmt kann man es auch irgendwo nachlesen. Viel lebhafter weiß das aber jeder, der – um bei unserem Beispiel von vorhin zu bleiben – an der Kundgebung 2000 in Berlin teilgenommen hat.

In der Jugendarbeit gilt es, eine handelnde Auseinandersetzung bewusst für politisches Lernen zu erschließen. Aktionen und Kampagnen haben sowohl eine politisch gegenständliche als auch eine didaktische Dimension. In diesem Sinne empfiehlt es sich, Projekte als Instrument eines ganzheitlichen Ansatzes von Jugendarbeit bewusst zu initiieren. Damit dies nicht zu billigem Aktionismus verkommt, gilt es die in diesem Kapitel angesprochenen Zusammenhänge zu bedenken.

6. Projekte als Handlungsräume der betrieblichen und gewerkschaftlichen Jugendarbeit

6.1 Hinweise aus der Jugendstudie

Vgl. IG-Metall-Jugendstudie
Seite 17 ff.

Projektarbeit ist unserer Meinung nach ein geeignetes Instrumentarium, in dem einige der in der IG Metall-Studie formulierten neuen Orientierungen von Jugendlichen produktiv aufgegriffen werden können. Projektarbeit ermöglicht ein planvolles und damit professionelles Vorgehen, beinhaltet lebendige und vielfältige Arbeitsformen, die Spaß machen, erlaubt ein aktives Engagement auf Zeit und ermöglicht die intensive Bearbeitung eines Themas entlang den eigenen Interessen und Zielsetzungen der Jugendlichen. In der Projektarbeit lässt sich der themenbezogene Spannungsbogen zwischen den gewerkschaftspolitischen Zielen/Aufgaben und den individuellen Ansprüchen herstellen. Projektarbeit ist ganzheitlich, handlungs- und umsetzungsorientiert. Projekte stellen Handlungsräume dar.

6.2 Die gegenwärtige Praxis

Welcher Jugendsekretär kennt das nicht: Ein Problem will gelöst werden; Anforderungen, Ideen, Zielbeschreibungen und dergleichen landen auf dem Schreibtisch und erfordern neben den alltäglichen routinemäßigen Herausforderungen ein hohes Engagement. Was nun? Folgende Handlungsalternativen sind denkbar:

– Einfach loslegen und selber machen, in der Hoffnung, dass somit alles richtig läuft.
– Nach bereits bestehenden Ansätzen zum Problem/zur Herausforderung suchen und dem Ortsjugendausschuss oder den JAVis vorlegen.

- Aufgrund des ohnehin heftigen Arbeitsvolumens es einfach bleiben lassen.
- Probleme/Herausforderungen gemeinsam mit den Jugendlichen erörtern und überlegen und entscheiden, was zu tun ist.

Letztere Variante wird z. B. in der Jugendarbeit im Bezirk Baden-Württemberg favorisiert. Da stehen die Jugendlichen an vorderster Front; sie überlegen, wägen ab, entscheiden, legen Themen und Ziele fest, planen und setzen um. Die Jugendsekretäre sind im Prozess Unterstützer und Partner, Zuarbeiter und Wegbereiter, Teil des Ganzen, nicht Hauptfigur. In Projekten lassen sich gemeinsam Konzepte entwickelt und Themen bearbeiten wie z. B. die Verbesserung der Ausbildungsqualität oder die Gewinnung neuer Mitglieder in Bereichen, wo uns dies bislang noch nicht so gut gelungen ist.

Siehe z. B. Kapitel 4. Ausbildung – Investition in die Zukunft, Seite 63 ff.

Anhaltspunkte zur Gestaltung einer professionellen und an den Interessen der Jugendlichen orientierten Projektarbeit   6.3

Projektarbeit – eine Definition   6.3.1

Projektarbeit und Projektmanagement fand ihren Ursprung in der Betriebswirtschaft und Ingenieurswissenschaft. Heute ist die Methode längst auch für den pädagogischen Bereich erschlossen. Dabei steht aber nicht ein Auftrag von außen im Mittelpunkt (Bau eines Hauses, Produktion einer Maschine etc.), sondern eine Zielsetzung, die von den Projektbeteiligten selbst formuliert wird. Damit empfiehlt sich Projektarbeit nicht nur als eine effektive Arbeitsform, sondern auch als beteiligungsorientierter Ansatz.

Der Begriff Projekt ist aus dem Lateinischen abgeleitet und bedeutet so viel wie „Entwurf, Plan oder Vorhaben". Projektmanagement bezeichnet sinngemäß alle inhaltlich, methodisch, personell und finanziell verabredeten Aktivitäten bei der Entwicklung und Durchführung von Projekten.

Projektmanagement bedeutet Planung, Organisation, Führung und Kontrolle einer Aktivität in Hinblick auf die Zielerreichung

Ein Projekt wiederum ist ein Prozess, der durch
- Einmaligkeit und Neuigkeit,
- einen definierten Zeitraum,
- Begrenzungen finanzieller, zeitlicher, personeller Art,
- Abgrenzung gegenüber anderen Vorhaben,
- Vielschichtigkeit und Komplexität

gekennzeichnet ist.

Projektarbeit ist eine zielorientierte Sicht- und Arbeitsweise, die sich insbesondere durch die Komplexität von Strukturen, Instrumenten und Kontrollmechanismen auszeichnet und sich durch eine Projektstruktur/Projektphasen auszeichnet.

Ob ein Projekt erfolgreich ist, hängt von vielen Faktoren ab: von der Projektorganisation, der Beschreibung und Genauigkeit der Ziele und notwendigen Schritte, den zur Verfügung stehenden Ressourcen, der Projektsteuerung, dem Projektumfeld und den Projektmitarbeitern. Über diese Faktoren gilt es sich zu Beginn eines Projekts Gedanken zu machen.

6.3.2 Projektstruktur und -phasen

Ein Projekt lässt sich in folgende Phasen unterteilen:

1. Projektgründung	– Ideen- und Informationsphase
2. Projektplanung	– Zieldefinition
	– Definition des Lösungwegs
	– Definition der Planungsdetails
3. Projektkontrolle	– Umsetzung des Projektproduktes
4. Projektabschluss	– Nutzung des Projektproduktes
	– Analyse und Korrektur

Was heißt das im Detail?

Informationsphase:

- Verabredung einer Projektleitung
- Verabredung von Projektspielregeln
- Verabredung von Projekt-Handwerkszeug
- Ermittlung IST- und Verabredung SOLL-Zustand
- Bedarfs- bzw. projektorientierte Datensammlung im Bezug auf Rahmenbedingungen (inhaltlich, methodisch, organisatorisch, ggf. juristisch ...)

Projektplanung   6.3.2.2

Zieldefinition:

Was muss getan werden? (Ziele, Inhalt, Gegenstand des Projekts)

- Suche nach Zielideen
- Strukturierung in Ober- und Unterziele
- Gewichtung der Ziele
- Abwägung der Realisierbarkeit

Definition des Lösungswegs:

- Suche nach Lösungsstrategien
- Sammlung von Lösungsstrategien
- Gemeinsame Erarbeitung von Bewertungsstrategien

Definition der Planungsdetails:

Wie, wann und wo sind die Maßnahmen durchzuführen? Wer kann Projekte durchführen (Mitarbeiterressourcen, Neueinstellungen, Qualifizierungen etc.)?

- konkrete, detaillierte Planung
- Zeitachsenbestimmung und -dokumentation
- Aufgabenverteilung unter den Projektteilnehmern, daraus resultierend Maßnahmenplan (wer macht was, mit wem, bis wann, mit welchen Mitteln?)

Projektkontrolle   6.3.2.3

Umsetzung des Projektproduktes:

- Gestaltung und Realisierung des gemeinsam vereinbarten Lösungsvorschlages

6.3.2.4 Projektabschluss

Nutzung des Projektproduktes:
- Einsatz des Projektproduktes vor Ort
- Bewährung des Projektproduktes unter realen Rahmenbedingungen prüfen
- Bewährung des Projektproduktes unter verschärften Rahmenbedingungen prüfen

Analyse und Korrektur:
- Reflexion des Projektprodukt-Einsatzes unter Anwendung der im Vorfeld vereinbarten Beurteilungskriterien – ggf. Korrektur

6.3.3 Projektebenen

Während der Projektarbeit findet eine Moderation auf vier Ebenen statt.

1. Sachebene	– Welche Ziele sollen innerhalb des Projektes erreicht werden?
2. Verfahrensebene	– Wie soll das Projektteam die Projektziele erreichen?
	– Welche Methoden oder Verfahren sollen eingesetzt werden?
3. Beziehungsebene	– Wie setzt sich das Projektteam zusammen?
4. Persönliche Ebene	– Wer gehört zum Projektteam?
	– Welche Charakter, welche inhaltlichen Prioritätensetzungen, welche methodischen Vorlieben, welche Arbeitsrhythmen liegen im Hinblick auf das gemeinsame Projektziel vor?

Besagte Moderation wird von der verabredeten Projektleitung übernommen. Wenn die beschriebenen Ebenen in einem Projekt konstant berücksichtigt werden, dann folgt einerseits eine hohe Motivation und Zufriedenheit der Projektbeteiligten wie auch ein optimales Ergebnis.

Die Projektleitung ist nicht als „Chef" des Ganzen misszu-
verstehen. Man kann einen Projektleiter oder eine Projekt-
leitung eher mit jemandem vergleichen, der verschiedene
Fäden in der Hand hat und entsprechend den verabredeten
Projektzielen verknüpft sowie Führungsverantwortung – im
Sinne von Koordination, Motivation, Information, Steuerung,
Anleitung etc. – übernimmt.

Das „A" und „O" eines Projektes ist eine klare Zielformulie-
rung.

Wie gesagt, in der betriebswirtschaftlichen Projektarbeit gibt
es einen Auftraggeber, der vorgibt, welches Resultat am Ende des Projektes vorliegen muss. Die Projektbeteiligten haben entlang dieser Zielvorgabe zu arbeiten.

In der gewerkschaftlichen Jugendarbeit geben sich die Projektbeteiligten ihre Ziele selber, entwickeln diese entlang ihrer Bedürfnisse, Interessen und Ansprüche. Die Jugendlichen
entscheiden selbst über Projekte und deren Planung.

Für die Zieldefinition ist folgende Matrix empfehlenswert:

Festlegung von Wirkungszielen	– Was soll das Projektprodukt (=Projekt-ergebnis) im Resultat bringen?
Welche Umsetzungs- und Verfahrensziele bestehen?	– Mit welchen Mitteln, Methoden, Partnern soll gearbeitet werden? – Was soll neben dem Projektprodukt für die Projektbeteiligten rüberkommen?
Festlegung von Mindestzielen, Muss-Zielen, Wunschzielen	– Was soll mindestens rauskommen? – Was ist maximal möglich? – Was wünschen sich die Projektbeteiligten
Welche übergeordneten Ziele bestehen?	– Welchen übergeordneten Zielen ist das Projektprodukt zuzuordnen?

Die Zieldefinition ist bei allen Schritten des Projektes heran-
zuziehen und ihre Realisierung zu prüfen. Die Zieldefinition ist in eine Projektdokumentation aufzunehmen.

6.3.6 Projektdokumentation

Die Projektdokumentation ist so etwas wie ein Tagebuch der
Projektbeteiligten. Im betriebswirtschaftlichen Bereich wird
von einem Pflichtenheft gesprochen.

In der Jugendarbeit empfiehlt sich die Gegenüberstellung
von Projektmatrix und Umsetzungsschritten. Das bedeutet,
der jeweiligen Projektphase werden die jeweiligen Umsetzungsschritte und Umsetzungsergebnisse gegenüber gestellt
bzw. zugeordnet.

Ebenso wichtig ist die Dokumentation und Veröffentlichung
des entwickelten Projektauftrages. Dabei empfiehlt sich die
Darstellung folgender Mindestdaten:

– Beschreibung der Ausgangssituation
– Projektabgrenzung (Grenzen oder Zusammenhänge zu
  anderen Projekten)
– Projektleitung und Projektteam
– Aufgaben und Verantwortung der Projektleitung
– Termine
– Voraussichtlicher Arbeitsaufwand und geplantes Budget
– Art und Form der möglichen Ergebnisse
– Ziele
– Projektverlauf und -fortschritte

Genug der Theorie, doch wie kann die Umsetzung konkret
aussehen?

Projektstruktur:

1. Nehmt eine große Wandzeitung (WZ)
2. Zeichnet ein Rechteck auf die linke Seite der WZ und formuliert darin eure wichtigsten Projektziele.
3. Fragt euch: „Was müssen wir tun, um unsere Ziele zu erreichen?"
4. Die erforderlichen Tätigkeiten schreibt ihr auf Karten, die ihr rechts neben das Rechteck mit den Zielen klebt.
5. Wenn ihr glaubt, alle erforderlichen Tätigkeiten zur Erreichung der Ziele gefunden zu haben, dann fragt euch weiter: „Was müssen wir tun, um unsere Tätigkeiten umsetzen zu können?"
6. Schreibt eure Ideen auf die Wandzeitung. Je nach Komplexität eures Projektes wiederholt ihr die „Was müssen wir tun?"-Frage.

Im Resultat habt ihr eine erste Projektstruktur. Übertragt nun die einzelnen Tätigkeiten auf Karten, ihr braucht sie zur Entwicklung eurer Projektablaufplanung.

Projektablauf:

1. Nehmt wieder eine Wandzeitung (WZ)
2. Kennzeichnet die linke Seite der WZ mit einem A wie Anfang des Projektes und die rechte Seite mit einem E wie Ende des Projektes.
3. Verwendet nun die Tätigkeitskarten eurer Projektstruktur. Sucht euch die Karte mit der Aufgabe heraus, die als erstes erledigt werden muss und klebt diese rechts neben das A. Geht dann die weiteren Tätigkeitskarten durch, bringt sie in eine logische Abarbeitungsreihenfolge und klebt sie der Reihe nach rechts neben die erste Tätigkeit.
4. Wenn ihr alle Tätigkeitskarten aufgeklebt habt, geht nochmals die Reihenfolge durch und überprüft die Logik der Reihenfolge.
5. Kennzeichnet abschließend Abhängigkeiten zwischen den Tätigkeiten durch Pfeile.

| Maßnahmeplan: | Um die entwickelten Projekttätigkeiten mit Leben zu füllen, geht's nun ans Eingemachte: Wer macht welche Tätigkeit, mit welchen Mitteln, mit welchen Projektbeteiligten, bis zu welchem gemeinsam vereinbarten Termin? |

Im Resultat könnte folgende Projektmatrix stehen:

Tätigkeit	Verbindung mit welcher Tätigkeit?	Wer machts?	Mit wem?	Mit welchen Mitteln?	Bis wann?

6.5 Projektarbeit in der gewerkschaftlichen Jugendarbeit

Probiert die Projektmethode doch einfach mal aus. Wie wäre es z. B. mit einer Seminarausschreibung zum Thema: „Projektarbeit in der JAV", mit anschließender Experimentierphase zu aktuellen betrieblichen Jugendthemen?

Jugendpolitische und betriebliche Projekte könnten z. B. in folgende Richtungen gehen:

Strukturprojekte:
– Organisation einer kontinuierlichen Zusammenarbeit von unterschiedlichen Industrie-JAVen einer Region
– Organisation von Jugendveranstaltungen

Betreuungsprojekte: – Projekt zur kontinuierlichen Betreuung von JAVen in Handwerksfirmen

Objektprojekte:
– Projekt zur Initiierung von ganzheitlichen Ausbildungsmodellen

Themenprojekte:
– Projekt zur Installation einer kontinuierlichen, individuellen und betrieblichen Qualifikationsbedarfsermittlung

Wer in Sachen Projektarbeit mehr wissen und erleben möchte, sollte sich diesbezüglich in Bildungsprogrammen der IG Metall informieren. Und wer die literarische Annäherung bevorzugt – hier ein Tipp: Der Roman „Der Termin", von Tom DeMarco ersetzt zwar kein Projekt-Lehrbuch, bietet aber einen originellen Einstieg ins Thema.

7. Jugendbildungsarbeit in der IG Metall-Jugendbildungsstätte Schliersee

Die Bildungsarbeit der IG Metall findet an den zentralen Bildungsstätten und in den Regionen statt.[6] Zentrale Jugendseminare werden heute im Bildungszentrum Sprockhövel und an der Jugendbildungsstätte Schliersee durchgeführt. Ziel zentraler Seminare ist u. a., dass sich in der IG Metall organisierte Jugendliche aus der ganzen Bundesrepublik treffen und die Möglichkeit erhalten, sich über regionale Grenzen hinweg auszutauschen und ihre politisch-gewerkschaftlichen Ziele zu diskutieren und abzustimmen. Aufgabe der Pädagogen/-innen an den zentralen Schulen ist es, Seminare durchzuführen, konzeptionell zu arbeiten und die Verzahnung von regionaler und zentraler Bildungsarbeit weiterzuentwickeln.

Auf der regionalen Ebene finden Einstiegseminare wie das Jugend I für junge IG Metaller/-innen statt. Dort werden Grundlagen über wirtschaftliche, betriebliche und gesellschaftliche Zusammenhänge vermittelt und mit der Rolle der Gewerkschaft ins Verhältnis gesetzt. Darüber hinaus ist das Bildungsangebot auf regionaler Ebene sehr vielfältig und reicht von Tagesschulungen zu aktuellen betrieblichen Themen über Wochenendseminare zur Vorbereitung von örtlichen Aktionen etc., bis hin zu Wochenseminaren wie z. B. Jugend I oder JAV.

Auf zentraler Ebene sind die Jugend II- und Jugend III-Seminare besonders hervorzuheben.

Das Jugend II ist von seiner Konzeption her eher ein betriebspolitisches Seminar, das vertiefend die Themenfelder

---

6 Die IG Metall hat sieben Bildungsstätten (Lohr, Sprockhövel, Berlin, Beverungen, Bad Orb, Schliersee und die Kritische Akademie in Inzell).

aus den regionalen Seminaren aufgreift. Das Jugend III ist ein zukunftspolitisches Seminar, welches sich vor allem mit der zukünftigen Programmatik und Ausrichtung der Gewerkschaften auseinandersetzt. Schliersee hat noch die Besonderheit der politischen Jugendarbeitsseminare in Kooperation mit den Bezirken. Die Teilnehmer machen eine Woche gemeinsame Freizeitgestaltung und eine Woche Seminar. Hier werden projektorientiert Internetseiten, Radiosendungen, Videofilme etc. für die regionale Arbeit entwickelt. Darüber hinaus gibt es die Referenten/-innenausbildung für Jugend I-Seminare in den Regionen. Die hier beschriebenen Seminare sind 14-tägig, es gibt jedoch zunehmend ein Angebot von einwöchigen Seminaren im Rahmen von Weiterbildungsangeboten für Jugendbildungsreferenten/-innen bzw. Seminare, die zielgruppenspezifisch ausgerichtet sind (z. B. IT-Berufe).

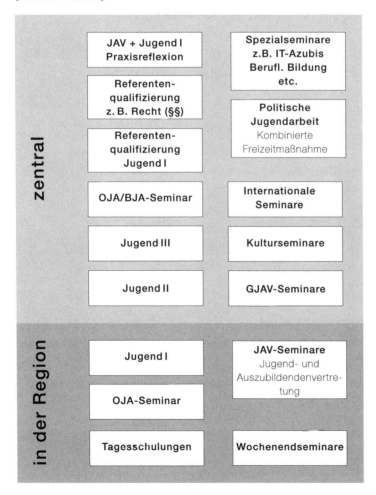

7.1   IG Metall-Jugendbildungsstätte Schliersee

Inhaltliche Schwerpunkte Die Jugendbildungsstätte Schliersee ist im Oktober 2000 nach einer Umbauphase wiedereröffnet worden. Mit dem Neubeginn hat sich das Haus mit verbesserter räumlicher und personeller Ausstattung zur Aufgabe gemacht, einerseits an die gute Tradition der alten Bildungsstätte anzuknüpfen und auf der anderen Seite durch ein verändertes Aufgabenspektrum den heutigen Anforderungen an eine lebendige, gesellschaftskritische, spannende und den Blick nach Europa einbeziehende Jugendbildungsarbeit gerecht zu werden. Um dies zu gewährleisten wurde u. a. das Schlierseeforum ins Leben gerufen und damit ein Ort geschaffen, an dem wir gemeinsam mit engagierten Jugendbildungsreferenten/-innen, Internet- und Videoexperten/-innen, Künstler/-innen, Erlebnnispädagogen/-innen etc. unsere Arbeit diskutieren und weiterentwickeln können.

Dabei haben sich bis heute folgende inhaltliche und konzeptionelle Schwerpunkte herauskristallisiert:

– Erlebnispädagogik
– Medien (Internet und Video)
– Geschichte
– Kunst- und Kulturarbeit
– Internationale Seminare
– Ökologie

7.2   Inhaltliche und methodische Entwicklungen in der Jugendbildungsarbeit der IG Metall

Im Folgenden soll an ausgesuchten Inhalten und methodischen Ansätzen deutlich werden, welche Themenfelder für die Jugendbildungsarbeit kontinuierlich leitend waren und an welchem Selbstverständnis sie sich überwiegend ausgerichtet hat.

Dieser Überblick [7] erhebt keinen Anspruch auf Vollständigkeit, sondern dient in erster Linie zur Verdeutlichung der wesentlichen Entwicklungslinien. Im Ausblick wird über Konsequenzen der Jugendstudie für die Jugendbildungsarbeit nachgedacht.

Bedingungen und Qualität der Ausbildung 7.2.1

Das Recht auf eine qualifizierte und zukunftsorientierte Ausbildung ist seit den 50er Jahren und bis heute ein zentrales Thema der Gewerkschaftsjugend und ihrer politischen Kampagnen. Damals wurde über die Einführung des Berufsbildungsgesetzes gestritten. Damals wie heute sind die Bildungspolitik und die daraus resultierenden bildungspolitischen Missstände Thema in der gewerkschaftlichen Jugendarbeit und in der Jugendbildungsarbeit.

Qualität der Ausbildung ist ein Dauerthema

Welches waren die Hauptthemen dieser Auseinandersetzung?

- ausbildungsfremde Tätigkeiten
- die Nichtbeachtung des Jugendarbeitsschutzgesetzes
- Beurteilungsverfahren
- neue Bedingungen in der Arbeitswelt

Ende der 70er, Anfang der 80er Jahre wurde aufgrund der technologischen Entwicklungen in den Betrieben eine Neuordnung der Berufe gefordert, die 1986 für die Metall- und Elektroberufe eingeführt wurde.

Ziel der IG Metall war es, eine breit gefächerte Grundlagenausbildung zu entwickeln, die nicht einzig dem Verwertungsinteresse des Ausbildungsbetriebes dient, sondern die persönliche Entwicklung der Auszubildenden in den Vordergrund stellt.

---

7 Vergleiche hierzu: Rahmenkonzeption für die Jugendbildungsarbeit. Kleine Geschichte der Jugendbildungsarbeit der IG Metall. Hrsg.: Abteilung Bildung beim Vorstand, Juni 2000.

Durch die bundesweite Aktion Anfang der 90er Jahre „Ausbildung checken und verbessern" wurden erhebliche Mängel in der betrieblichen Berufsausbildung aufgezeigt und entsprechende Forderungen zu ihrer Beseitigung entwickelt. Jedoch wurde dieses Vorhaben von dem Abbau von Ausbildungsplätzen und dem Problem der Übernahme nach der Ausbildung überschattet.

Ende der 90er Jahre hat sich die Kampagne „Ausbildung – Investition in die Zukunft" in Baden-Württemberg dem Thema Qualität der Ausbildung erfolgreich gestellt.

Neben der betrieblichen Perspektive sind auch die Mängel in der Qualität von Berufsschulen in Bezug auf Ausstattung, Lehrkräftemangel etc. ein Dauerthema in gewerkschaftlichen Jugendseminaren. Der durch die immer rasantere Technologieentwicklung gestiegene Anspruch an Qualifikationen bei den Beschäftigten muss sich in der Ausbildung abbilden.

Die Bildungsarbeit versucht die Selbstständigkeit und Eigenverantwortung zu stärken und gemeinsam mit den Teilnehmern/-innen Argumentationshilfen und Handlungsstrategien zu entwickeln. Das Ausbildungsthema betrifft alle Teilnehmer/-innen, jeder ist verwickelt und das Interesse an kollektiven Lösungen ist vorhanden.

7.2.2   Solidarität statt Ausgrenzung und Diskriminierung

Solidarität statt Konkurrenz   Die krisenhafte Situation auf dem Ausbildungs- und Arbeitsmarkt seit Mitte der 80er Jahre haben die Arbeitgeber und ihre Verbände genutzt, um viele erkämpfte soziale und tariflich abgesicherten Rechte zurückzuschrauben. Dies hat logischerweise Konsequenzen für die Bildungsarbeit und ihre inhaltliche Ausrichtung.

Es geht darum gemeinsam zu analysieren, wie sich das mittlerweile vorherrschende Konkurrenzprinzip gesellschaftlich auswirkt. Was bedeutet unsere gesellschaftspolitische und ökonomische Situation für diejenigen, die dauerarbeitslos sind oder keinen Ausbildungsplatz bekommen? Nehmen wir zur Kenntnis, dass es Menschen gibt, die aufgrund ihrer Herkunft, ihres Geschlechts, ihres sozialen Umfelds etc. benachteiligt sind? Hier ist ein Konfliktpotential in den Seminaren durch Ausgrenzungs- und Diskriminierungserfahrungen von Teilnehmern/-innen, was häufig in anderen Bildungskontexten nicht bearbeitet wird.

Die betriebspolitische Ebene wird dabei als konkretes Handlungsfeld betrachtet. Welche Ausgrenzungsmechanismen finde ich in meinem Betrieb und wie verhalte ich mich, wenn Kollegen/-innen beispielsweise durch Sprache diskriminiert werden?

Solidarität ist ein allzu oft missbrauchter Begriff von Politikern und anderen Personen der gesellschaftlichen Öffentlichkeit, der für viele Jugendliche zur bedeutungslosen Worthülse verkommen ist, da er von seinem Ursprung her – nämlich des Zusammenschlusses der 'Schwachen' gegen die 'Starken' – kaum noch erfahrbar ist. Um den Begriff neu mit Leben zu füllen, kann Solidarität nicht nur über den Verstand entwickelt werden, sondern muss erlebbar gemacht werden.

Indem wir Konkurrenzverhalten und diskriminierendes Verhalten in den Seminaren offen legen und bearbeiten und Alternativen gegenüberstellen, wird ein solidarisches Klima angeboten und durch viele methodische Vorgehensweisen verfestigt.

Jugend und Tarifpolitik 7.2.3

Das Problem der Übernahme nach der Ausbildung, die Höhe der Auszubildendenvergütungen und die Regelung der Ausbildungszeiten sind wesentliche Handlungsfelder der Tarifpolitik für Jugendliche.

Bei Tarifforderungen sind zwei Bedingungen zu berücksichtigen: Zum einen, was gegenüber dem Arbeitgeber durchgesetzt werden soll und kann, und zum anderen, welche Forderungen auch in der Gesamtorganisation mobilisierungsfähig sind. Das heißt, Auszubildende allein können keine

Tarifrunde für sich entscheiden, sondern sind auf die Unterstützung der „Erwachsenen" angewiesen.

Eine Aufgabe der Bildungsarbeit ist daher, Tarifpolitik greifbar zu machen, Handlungsmöglichkeiten aufzuzeigen und Jugendliche zu motivieren, sich in entsprechenden Gremien zu beteiligen. Darüber hinaus spielt natürlich die gesamte Tarifpolitik eine zentrale Rolle in der Bildungsarbeit. Die Bildungsarbeit hat in der Vergangenheit die großen Arbeitskämpfe (z. B. den Kampf um die 35-Stunden-Woche) inhaltlich mitbegleitet. Durch die Vorbereitung, Planung und Durchführung von Aktionen wurden Forderungen unterstrichen und mehrheitsfähig gemacht. Tarifpolitik wird als ein Hebel zu mehr Verteilungsgerechtigkeit in dieser Gesellschaft vermittelt.

7.2.4   Aus der Geschichte lernen

Die IG Metall-Jugend hat in der Vergangenheit und bis heute in unterschiedlicher Form Erinnerungsarbeit zum deutschen Faschismus geleistet. Eine daraus resultierende kritische Haltung zur Geschichte hat dazu geführt, dass es eine Auseinandersetzung in der Bildungsarbeit gab, die die Kontinuität faschistischer Ideologie in der BRD und seit 1990 verstärkt auch in der ehemaligen DDR aufgezeigt hat.

Aus der antimilitaristischen Tradition der IG Metall-Jugend ergab sich die Ablehnung der Militarisierung der Bundesrepublik und später das Engagement gegen die Stationierung von atomaren Waffen.

Zu diesem Themenfeld gehört auch die ideelle Unterstützung und Anerkennung von Kriegsdienstverweigerern[8].

Ein aktuelleres Beispiel für die Haltung zu militärischen Einsätzen zur Konfliktlösung zeigt die Forderung der IG Metall-Jugend, den NATO-Angriffskrieg in Jugoslawien zu stoppen.[9]

8 Vergleiche hierzu: Kriegsdienstverweigerung. Ein Ratgeber mit einem Vorwort von Klaus Zwickel. Hrsg.: IG Metall-Jugend, DFG-VK. 1996.
9 Antrag der 18. Jugendkonferenz der IG Metall 1999.

Aus der Geschichte lernen bedeutet, dass in Seminaren aktuelle gesellschaftliche Entwicklungen in Bezug auf autoritäre und rechtsradikale Tendenzen im Spiegel der Geschichte betrachtet, bewertet und erfahrbar gemacht werden sollen. Hierbei spielen zwei Aspekte eine wesentliche Rolle: Zum einen, dass hinter der Geschichte handelnde Menschen stehen, die gesellschaftliche Verhältnisse verändern, und zum anderen, dass in krisenhaften Phasen, Menschen aufgrund ihrer Orientierungslosigkeit, ausgelöst durch den politischen, sozialen und ökonomischen Druck, sich eher gesellschaftlichen Entwürfen zuordnen, die ihnen vermeintlichen Halt geben. Vor allem das „Nichtverhalten" als Reaktion auf die Krise lässt sich aus dieser Distanz besser bearbeiten und Alternativen hierzu werden diskutierbar.

Hinter der Geschichte stehen handelnde Menschen, die gesellschaftliche Verhältnisse verändern

Die Bedeutung des politischen und sozialen Handelns von Menschen in Krisensituationen herauszuarbeiten, ist ein Prozess, der zu einer Sensibilisierung für aktuelle gesellschaftliche Problemlagen führt und Anlass gibt, über die Zukunft der eigenen gewerkschaftlichen Politik und des eigenen Handelns zu diskutieren.

Gesellschaftskritik 7.2.5

Mit dem Berufsstart bzw. dem Beginn einer Berufsausbildung werden Jugendliche das erste Mal mit einer gesellschaftlichen Realität konfrontiert, zu der sie bis dahin keinen oder nur einen Zugang aus zweiter und dritter Hand hatten. Sie werden konfrontiert mit einer gesetzlich anders reglementierten Welt und müssen sich hierin eine Position und eine Orientierung erarbeiten. Konflikte, ausgelöst durch Lehrpläne und Auseinandersetzungen mit den Ausbildern/-innen in der beruflichen Erstausbildung, machen darauf aufmerksam, dass hier eine gewerkschaftliche Interessenvertretung sinnvoll und notwendig ist. Hier lernen sie im Idealfall auch die JAV-Arbeit kennen. Bildungsarbeit versucht dies aufzugreifen und Jugendliche darin zu bestärken, die JAV-Arbeit zu unterstützen und bestenfalls sich selbst zu engagieren.

eigene Positionen erarbeiten

Ein weiterer Bezugspunkt ist die Übernahme nach der Ausbildung. Auseinandersetzungen um die Übernahme nach der Ausbildung finden innerhalb des kapitalistischen Wirtschafts- und Gesellschaftssystems statt. Die einzelbetriebliche Profitlogik, die Konkurrenz auf den (Arbeits-) Märkten im Zeitalter der Globalisierung und die damit verbundene Krisenhaftigkeit kennzeichnen dieses System genauso wie die Ideologie der Ungleichheit und die Durchdringung aller Lebensbereiche nach der betriebswirtschaftlichen Kosten-Nutzen-Logik. Diese Verhältnisse werden analysiert und transparent gemacht.

Jugendliche leben in einer Situation, in der Massenarbeitslosigkeit und Armut ein Dauerthema ist, ökologische Krisen verursacht und das Zusammenleben der Menschen durch Konkurrenzverhalten bestimmt wird. Verlierer/-innen und Gewinner/-innen stehen sich innerhalb der abhängig Beschäftigten gegenüber, die Polarisierung zwischen Arm und Reich nimmt gesamtgesellschaftlich zu.

In Seminaren werden aktuell und gesellschaftskritisch Chancen und Risiken dieses Systems ausgeleuchtet. Ausgangspunkt für die Auseinandersetzung mit diesen gesellschaftlichen Bedingungen ist dabei immer der konkrete Erfahrungszusammenhang der Jugendlichen, ihre Wünsche und Träume, aber auch ihre Ängste und Befürchtungen. Nur vor diesem Hintergrund ist eine Aufarbeitung der derzeitigen neoliberalen Ideologie möglich und sinnvoll. Das Durchdringen der vorherrschenden Ideologie vor dem Hintergrund des eigenen Lebens- und Arbeitszusammenhangs ermöglicht es den Teilnehmern/-innen, im Seminar Forderungen und Ziele zu entwickeln, die ihren Interessen gerecht werden und eine Chance auf Durchsetzung haben.

Leitmotive sind hierbei, dass …

…die IG Metall-Jugend sich einmischt, für ihre Ziele kämpft und damit auch Erfolg hat.

…sie grundsätzlich für verbesserte Lebens- und Arbeitsbedingungen eintritt.

...sie Mut macht, sich für die eigenen Interessen und Ansprüche einzusetzen.

... Globalisierung Auswirkungen in der ganzen Welt hat und dass daher internationale Zusammenhänge hergestellt und bearbeitet werden müssen.

Lust machen auf IG Metall – zum Handeln bewegen 7.2.6

Die IG Metall-Jugend versteht sich als Teil der Gesamtorganisation, die allerdings auf Grund ihrer spezifischen Situation und der daraus resultierenden spezifischen Interessen, eigene Strukturen benötigt, um sich voll entfalten zu können. Sie bringt sich gewerkschaftspolitisch ein und sieht sich als gleichberechtigter Partner im Verhältnis zu den Erwachsenen.

Jugendbildungsarbeit will daher ermutigen und mobilisieren, sich gewerkschaftlich und politisch in Betrieben, vor Ort und innerhalb der gewerkschaftlichen Organisationsstrukturen aktiv zu beteiligen und die Durchsetzung der jugendbezogenen Ziele und Forderungen in die eigenen Hände zu nehmen.

Jugendbildungsarbeit will ermutigen sich aktiv zu beteiligen

In IG Metall-Seminaren als Lernort wird versucht ein demokratisches und konkurrenzloses Klima schaffen, in dem sich Jugendliche Kompetenzen und Kulturtechniken aneignen können, die sie zur Durchsetzung ihrer Interessen befähigen. Es gilt negativen Erfahrungen aus anderen Kontexten etwas Positives entgegenzusetzen.

Der von der Tübinger Studie festgestellte sehr enge Politikbegriff der Jugendlichen wird aufgebrochen und damit wird dem Gefühl der Ohnmacht Handlungs- und Politikfähigkeit entgegengesetzt. Dies ist u. a. deshalb möglich, da in IG Metall-Seminaren die Wirklichkeit der Teilnehmer/-innen zum Thema gemacht wird und diese Wirklichkeit der Maßstab für ihre Ziele und Forderungen wird. Förderlich dabei ist, dass beteiligungs- und handlungsorientierte Ansätze neue Erfahrungen und Zugänge zu Politik vermitteln und eröffnen. Das beinhaltet auch die Erfahrung, dass eigenes Handeln das Übernehmen von Verantwortung befördert und dass damit

Rückmeldungen auf die eingenommenen Positionen verbunden sind.

Gemeinsames Lernen findet nicht nur im Seminar statt

Ein wichtiger Aspekt der Seminarpraxis ist, dass das gemeinsame Lernen nicht nur in den Seminarzeiten stattfindet, sondern darüber hinaus Gemeinschaft in der Freizeit miteinander erlebt wird. Diese Form des sozialen Lernens ist ein Ergebnis von Seminaren, in denen Jugendliche – anders als in ihrem normalen Alltag – ein oder zwei Wochen gemeinsam lernen, diskutieren, essen, spielen und vieles mehr. Dies wirkt der sonst häufigen Vereinzelung entgegen und vermittelt Erfahrungen von solidarischem Miteinander.

IG Metall wird als politisch-soziale und kulturelle Bewegung sichtbar

„Politik kann Spaß machen" ist unser Leitmotiv. Diesem Grundsatz entsprechen eine Vielzahl von Aktivitäten, wie Jugendcamps, örtliche Aktionen, Partys und Konzerte. Dabei kommt den zentralen Aktionstagen mit der aktuellen Kampagne „Her mit dem schönen Leben" eine wichtige Bedeutung zu. Dieses Motto z. B. verweist auf die umfassende Dimension gewerkschaftlicher Politik. Sie beschränkt sich eben nicht ausschließlich auf das Feld der betrieblichen Auseinandersetzung, sondern versucht den ganzen Menschen in den Blick zu nehmen und damit auch grundsätzliche Forderungen nach einem menschenwürdigen Leben auf allen Ebenen dieser Gesellschaft Ausdruck zu verleihen. In solchen Zusammenhängen wird die IG Metall als politische, soziale und kulturelle Bewegung sichtbar und erlebbar. Bildungsarbeit ist hierbei ein wichtiges Bindeglied, indem sie solche Kampagnen und Aktionen inhaltlich begleitet und befördert.

7.2.7   Vermittlung von sozialen und methodischen Kompetenzen

Vgl. Kapitel 5., Lernen durch Handeln, Seite 82 ff.

Diese Kompetenzen haben mit der Diskussion um andere Formen der Arbeitsorganisation in den Betrieben und Verwaltungen einen hohen Stellenwert bekommen. Für die Bildungsarbeit der IG Metall und damit auch für die Jugendbildungsarbeit ist dies zunehmend selbstverständlich geworden und die Vermittlung dieser Kompetenzen durchzieht die Bildungsarbeit wie ein roter Faden.

Dies wird besonders deutlich, wenn Eigenverantwortung und Beteiligungsorientierung als Leitlinie unserer Bildungsarbeit praktiziert werden. Abgesehen davon erfordert die Zusammensetzung der Seminarteilnehmer/-innen eine Berücksichtigung dieser Inhalte, da ein Großteil unserer Teilnehmer/-innen Jugend- und Auszubildendenvertreter/-innen bzw. Aktive in der örtlichen Jugendarbeit sind. Dieser Personenkreis benötigt Handwerkszeug in Form von Arbeitstechniken und -methoden zur Bewältigung seiner Arbeit.

Präsentations – und Moderationstechniken sind fester Bestandteil der Seminarpraxis. Die Teilnehmer/-innen erfahren einen kooperativen Lernstil und bekommen ein reflektiertes Feedback zu ihren Arbeitsergebnissen. Dabei lernen sie, dies auch anderen zu geben. Es wird den Teilnehmer/-innen vermittelt, dass Wertschätzung und Anerkennung für ihre Bereitschaft zu lernen auch wichtige Bestandteile ihrer eigenen Praxis in Betrieb und Gesellschaft sein können, da nur so die Motivation zum eigenen Handeln aufrechtzuerhalten ist.

Vermittlung von Kompetenzen durchzieht die Bildungsarbeit wie ein roter Faden

In den Seminaren werden sie auf individuelle Potentiale aufmerksam gemacht und motiviert, diese als erworbene Fähigkeiten anzunehmen.

Darüber hinaus bekommen sie die Möglichkeit, kreative Anteile zu entwickeln und sich dadurch andere Zugänge zu politischen Themen zu schaffen. Auch Momente spielerischen Lernens durch Techniken und Methoden der Erlebnispädagogik eröffnen neue Horizonte und ermöglichen soziale Erfahrungen, die über den rein theoretischen Zugang nur schwer vermittelbar sind.

Vieles was in der Bildungsarbeit als selbstverständlicher Bestandteil der Wissensübermittlung, -vermittlung und -ermittlung erfahren wird, nehmen die Teilnehmer/-innen als Anregungen für die eigene OJA- bzw. JAV-Arbeit oder für die Gestaltung von Jugendversammlungen mit und integrieren es in die örtliche bzw. betriebliche Praxis.

Neue Horizonte eröffnen

Ein weiterer Gegenstand der Bildungspraxis ist das Bearbeiten von Konflikten untereinander. Durch eine Seminarkultur, die nicht auf das Sieger-und-Verlierer-Prinzip aufbaut, wird die Fähigkeit zur Toleranz und auch die Suche nach dem Kompromiss gefördert. Auftretende Konflikte und Meinungsverschiedenheiten werden als Chance, von anderen zu lernen, und nicht als Bedrohung gestaltet. Damit erleben Jugendliche eine Form der Kommunikation, die dem Willen zur Durchsetzung der eigenen Position die Möglichkeit gegenseitigen Verständnisses gegenüberstellt.

7.3 Ausblick

Aus der Tübinger Studie geht hervor, dass Jugendliche dem Bereich Arbeit und Beruf eine hohe Bedeutung beimessen und sich auch in ihrer Freizeit mit beruflichen Themen beschäftigen. Dies ist nicht nur eine gute Voraussetzung dafür, das die Gewerkschaften in ihr Blickfeld geraten, sondern es ist auch ein wichtiger Anknüpfungspunkt für unsere Bildungsarbeit.

Vgl. Kapitel 2.1.1, Die IG-Metall-Jugendstudie, Seite 17

Bei der Frage nach ihren Erwartungen an die Gewerkschaften erhoffen sich Jugendliche, dass sie in erster Linie ihrer ureigensten Aufgabe nachkommen, nämlich für die Verbesserung von Arbeitsbedingungen zu kämpfen. Bei der Bewertung von den unterschiedlichen gewerkschaftlichen Handlungsfeldern wird die politische Bildung für am wenigsten wichtig angesehen. Gleichzeitig erfahren wir, dass der Politikbegriff ganz eng definiert wird und bis zur Politikverleugnung geht. Jugendliche tun sich schwer, politische Positionen zu beziehen, und tummeln sich gerne in der so genannten Mitte, um nichts ideologisch „Anrüchiges" zu vertreten.

Das Spektrum geht von Jugendlichen, die ein durchaus differenziertes politisches Wissen haben, bis hin zu einer nicht vorhandenen politischen Bildung, bei der Held und Bibouche von einer politischen Verwahrlosung sprechen.

Was heißt das für die Bildungsarbeit?

Bildungsarbeit sollte zukünftig noch stärker an dem anknüpfen, was Jugendlichen Spaß macht und was ihren individuellen Wünschen und Interessen gerecht wird. Sie muss dabei aber auch immer in der Lage sein, Orientierung zu bieten und Perspektiven aufzuzeigen.

Bildungsarbeit setzt bei den Interessen der Beteiligten an und gibt Orientierung

Der vor allem durch die mediale Öffentlichkeit vermittelte Politikbegriff muss perspektivisch noch stärker aufgebrochen, erweitert und lebendig gemacht werden, damit dem Gefühl der eigenen Ohnmacht und dem Ausgeliefertsein ein positives Selbstvertrauen in die eigene Stärke und Handlungsfähigkeit entgegengesetzt werden kann.

Hierzu ist es notwendig, eine Verbindung zwischen „Kopf und Herz" zu schaffen und alle Seiten und Potentiale der menschlichen Existenz aktivierend anzusprechen. Die individuellen Ressourcen der Jugendlichen müssen noch mehr in den Blick genommen werden. Es muss deutlich werden, dass es über das rein betriebswirtschaftliche Verwertungsinteresse hinaus noch andere gesellschaftliche Bereiche gibt, in denen diese oft brachliegenden Ressourcen gesucht und gebraucht werden.

In der Bearbeitung von Konflikten muss noch stärker das positive Element betont werden. In einer politischen Kultur innerhalb der IG Metall, die den Konflikt in erster Linie als Lernchance definiert, können sich alle Ressourcen der aktiven Mitglieder angstfrei entfalten und zu mehr Engagement und Beteiligung beitragen. Dabei kommt der Wahrnehmung von Differenzen in den Lernprozessen eine wichtige Rolle zu. Ohne die Anerkennung von Unterschieden, die Einsicht, dass es neben der eigenen Perspektive noch andere gibt, bewegt sich nichts in den Köpfen.

Wahrnehmung von Differenzen

siehe auch unter Perturbation und Differenzwahrnehmung Seite 31 f.

Wichtig ist aber auch, die Grenzen von Kurzzeitpädagogik klar aufzuzeigen. Bildungsarbeit kann nicht all das auffangen und kanalisieren, was in den familiären, schulischen, gesellschaftlichen und gewerkschaftlichen Kontexten versäumt wurde, und sie kann auch nicht jede Unzufriedenheit auflösen. Hierbei ist der Bezug zur sozialräumlichen Jugendarbeit herzustellen – wenn die Aneignung von Räumen nicht nur im gegenständlichen Sinne verstanden wird. Die Bildungsarbeit leistet einen wichtigen Beitrag, wenn es um den Prozess der aktiven Auseinandersetzung mit den eigenen Arbeits- und Lebensbedingungen geht. Sie kann dazu beitragen, Ansätze zu entwickeln, kleine Schritte aufzuzeigen, um Veränderungen herbeizuführen, in dem das eigene Verhaltens- und Handlungsrepertoire erweitert wird.

siehe. Kapitel 2.1.2.1, Sozialräumliche Jugendarbeit, Seite 24 ff.

Dies ist sicherlich ein hoher Anspruch der nur bedingt eingelöst werden kann. Aber wenn es nur ansatzweise gelingt, den Mythos der Opferrolle zu irritieren, liegen hierin viele Chancen zu stärkerer Aktivierung von Mitgliedern.

Bildungsarbeit macht andere Denkangebote

Wenn es gelingt zu verdeutlichen, dass in einem gemeinsamen, wenn auch konfliktreichen Prozess Solidarität das vorherrschende Prinzip ist, werden Erfahrungen möglich, die auch im betrieblichen und gesellschaftlichen Kontext neue Perspektiven eröffnen.

Gewerkschaftliche Jugendbildungsarbeit kann und muss andere Denkangebote machen und Erfahrungen vermitteln, die z. B. auch das eigene Rollenverständnis als Mann oder Frau betreffen, denn Diskriminierung und das Konkurrenzprinzip sind auch hier die tieferliegenden Ursachen dieser Rollenkonflikte.

Zu unseren eigenem pädagogischen Rollenverständnis gehört dabei, dass die subjektive Relevanz, d. h. die Bedeutung und Wichtigkeit von Themen und Fragen, von den Teilnehmern/-innen selbst erschlossen werden muss. Lernen wird hier als selbst gesteuerter Prozess verstanden, in dem Wissen nicht erzeugt und vermittelt, sondern Wissensaneignung ermöglicht wird.

zu Subjektive Relevanz siehe Seite 28 f.

Der inhaltlichen Verzahnung von regionaler und zentraler Bildungsarbeit kommt eine wichtige Bedeutung zu

Diese Ziele können letztlich nur dann verwirklicht werden, wenn die Bildungsarbeit insgesamt diesen Prinzipien folgt. Daher ist es zukünftig von großer Bedeutung, wie die Verzahnung von regionaler und zentraler Bildungsarbeit gestaltet wird. Nur durch einen intensiven und konstruktiven Austausch zwischen den unterschiedlichen Praxisebenen wird es möglich sein, dieses Selbstverständnis zu befördern. Eine wichtige Ebene, diesen Austausch zu gewährleisten, ist die Aus- und Weiterbildung der ehrenamtlichen Referenten/

-innen. Hier wird der Grundstein für die Einhaltung dieser Prinzipien gelegt und gepflegt. Wenn alle in der Jugendbildungsarbeit Tätigen dies auf einer gemeinsam erarbeiteten inhaltlich-methodischen Basis verfolgen, sind gute Chancen für die Umsetzung solcher Prinzipien gegeben.

Allgemeine Hinweise zur Finanzierung der gewerkschaftlichen Jugendarbeit
8.1

Greift man den Gedanken des Räumeschaffens in der praktischen Alltagsarbeit auf, wird man schnell zu der Erkenntnis kommen, dass hier und da auch ein paar Groschen notwendig sind, um den Ideen Gestalt geben zu können. Die Gewerkschaften haben nun unterschiedliche Möglichkeiten, ihre Jugendarbeit zu finanzieren. Ein Teil, der sicherlich auch die Unabhängigkeit politischen Handelns beschreibt, sind die Mitgliedsbeiträge. Aber jede/jeder kennt die Mühen, wenn man von Angesicht zu Angesicht mit dem/der Kassierer/-in steht, um ihn/sie von der Notwendigkeit von Jugendprojekten zu überzeugen. Diesen Weg wird man wohl niemandem ersparen können. Gleichwohl ist er notwendig, denn es etabliert natürlich auch die Jugendarbeit in der eigenen Organisation. Aber es gibt auch Möglichkeiten, Projekte/Aktionen der Gewerkschaftsjugend zu finanzieren und gleichzeitig Entzücken bei den Kassierern/-innen über mögliche Entlastungen der Ortskassenlage hervorzulocken. Diese Möglichkeiten sind Zuschüsse der öffentlichen Hand zur außerschulischen Jugendarbeit.

Die IG Metall-Jugend ist ein Teil der Organisation und gleichzeitig von ihrem demokratischen Aufbau her ein Jugendverband.[10] Als Mitglied der DGB-Jugend ist sie ein anerkann-

10 § 12 SGB VIII (KJHG)
(1) Die eigenverantwortliche Tätigkeit der Jugendverbände und Jugendgruppen ist unter Wahrung ihres satzungsgemäßen Eigenlebens nach Maßgabe des § 74 zu fördern.
(2) In Jugendverbänden und Jugendgruppen wird Jugendarbeit von jungen Menschen selbst organisiert, gemeinschaftlich gestaltet und mitverantwortet. Ihre Arbeit ist auf Dauer angelegt und in der Regel auf die eigenen Mit-

ter freier Träger der Jugendhilfe nach dem SGB VIII (KJHG). Dies bedeutet, dass die IG Metall-Jugend ein Recht auf öffentliche Förderung hat. Zugegebenermaßen folgt nun der schwierigere Teil dieses Artikels, nämlich praxistaugliche Beispiele zu finden, um durch den Förderdschungel zu führen.

Gerade Sonderprogramme tragen der sozialen Segmentierung Rechnung, gleichwohl fällt es schwer, den jeweiligen Überblick zu behalten, wann mit welchem Formular an welcher Stelle wie viel Geld zu beantragen ist

Die Förderung der Jugendhilfe ist föderal aufgebaut, d. h., es gibt eine kommunale Förderung durch die Gemeinden und Landkreise; die Bundesländer fördern die Jugendverbände über ihre Landesjugendpläne und der Bund stellt Fördermöglichkeiten im Kinder- und Jugendplan des Bundes zur Verfügung. Nicht zuletzt gibt es aber auch Förderung für Jugendarbeit auf europäischer Ebene, z. B. über das Förderprogramm „Jugend", welches durchaus für die Arbeit der Gewerkschaftsjugend in Betracht zu ziehen ist. Die Fördermöglichkeiten der unterschiedlichen föderalen Ebenen müssen sich nicht ausschließen. Das heißt, für die Finanzierung von Maßnahmen können bspw. kommunale und Landesmittel beantragt werden. Neben unzähligen Sonderprogrammen auf den jeweiligen Ebenen (Rechtsextremismus, Integration von Migrantenjugendlichen, Mädchenarbeit usw.) ist ein meist noch unbeachtetes Feld die Förderung durch diverse Stiftungen. Auch hier können beim einen oder anderen Vorhaben Gelder beantragt werden.

Die Förderstruktur gerade auf kommunaler und Landesebene ist sehr differenziert. Deshalb können hier nur Verweise zu möglichen ratgebenden Institutionen gegeben werden.

Die kommunale Förderung geschieht projektbezogen. Die Bezuschussungsmodalitäten, also wie man die Zuschüsse für die einzelnen Maßnahmen erhält, sind dabei von Ort zu Ort unterschiedlich. Auf kommunaler Ebene spricht man am besten die Stadt- und Kreisjugendringe bzw. die kommunale Jugendpflege an. Diese haben i. d. R. den Überblick über die Möglichkeiten, Zuschüsse zu beantragen, und können

glieder ausgerichtet, sie kann sich aber auch an junge Menschen wenden, die nicht Mitglieder sind. Durch Jugendverbände und ihren Zusammenschlüssen werden Anliegen und Interessen junger Menschen zum Ausdruck gebracht und vertreten.

auch beratend zur Seite stehen, bspw. wenn es an das Ausfüllen von Anträgen oder Verwendungsnachweisen geht.

Den Überblick über Fördermöglichkeiten auf der Landesebene haben in der Regel die Jugendabteilungen in den DGB-Bezirken und die Landesjugendringe. Diese wickeln i. d. R. die Landeszuschüsse ab. Hier gilt es vor allem die Antragsfristen für die unterschiedlichen Maßnahmen zu beachten, damit es kein böses Erwachen gibt. Dies setzt eine Jahresplanung voraus, welche jedoch eh in den Ortsjugendausschüssen (OJAs) geschieht. Die Landesjugendringe publizieren Arbeitshilfen zu den Landesjugendplänen. Dort ist übersichtlich aufgelistet, für welche jugendpflegerische Maßnahmen es Zuschüsse gibt und wie die Antragsfristen sind.

Auf nationaler Ebene gibt es im Rahmen des Kinder- und Jugendplanes des Bundes (KJP) für die Arbeit vor Ort bspw. Zuschüsse für internationale Jugendbegegnungen. Hier wird u. a. unterschieden zwischen Jugendbegegnungen, Fachkräfteaustausch oder multilateralen Seminaren. Diese Begegnungen unterscheiden sich in der inhaltlichen Ausgestaltung und der Teilnehmendengruppe und haben einen unterschiedlich hoch bezuschussten Tagessatz. Bei den Anträgen können auch Vor- und Nachbereitungsseminare, sowie Dolmetscher-/Sprachmittlerkosten geltend gemacht werden. Zu beachten sind unbedingt die Antragsfristen, diese enden meist im Herbst des Vorjahrs.

Richtlinien und Antragsformulare gibt es beim Bundesministerium für Familie, Senioren, Frauen und Jugend unter: www.ɔmfsfj.de/downloads/richtlinien 2000.pdf

Des weiteren gibt es für tschechische, französische und polnische Austauschmaßnahmen so genannte Jugendwerke, diese haben eigene Richtlinien und Antragsfristen sowie eigene Fördersätze, dies gilt ebenso für den deutsch-israelischen Jugendaustausch. Die Anträge und auch Verwendungsnachweise müssen immer über die jeweilige Vorstandsverwaltung weiter an die Abteilung Jugend des DGB-Bundesvorstandes geleitet werden. Neben den Jugendabteilungen in den jeweiligen Vorstandsverwaltungen der Einzelgewerkschaften und des DGB kann man sich auch Rat bei den Kolleginnen und Kollegen des Hauses der Gewerkschaftsjugend in Oberursel für die internationale Arbeit holen. Diese haben

deutsch-tschechisches Jugendwerk: www.tandem.org

deutsch-französisches Jugendwerk: www.dfjw.org

deutsch-polnisches Jugendwerk: www.dpjw.org

einen reichhaltigen Erfahrungsschatz, der auch für die Arbeit vor Ort genutzt werden sollte.

Nicht erst seit der Einführung des Euro, sondern schon weit davor wurden Begegnungen und Projekte auf europäischer Ebene gefördert. Finanziert wurde dies aus dem Aktionsprogramm „Jugend" der Europäischen Union früher „Jugend für Europa". Das Aktionsprogramm Jugend steht im Bereich Bildung in einer Reihe mit den EU-Programmen Socrates II und Leonardo da Vinci und unterstützt hier Aktivitäten im außerschulischen Rahmen. Es gliedert sich in verschiedene Aktionsbereiche auf, z. B. bi-, tri- und multilaterale Jugendbegegnungen in Gruppen, Projekte und Aktivitäten in Verbindung mit den EU-Programmen zur allgemeinen und beruflichen Bildung (SOKRATES und LEONARDO).

Das Programm richtet sich an Jugendliche im Alter zwischen 15 und 25 Jahren. Es stützt sich auf den Artikel 149 des Vertrages zur Gründung der Europäischen Gemeinschaft und ist das vorrangige Instrument der EU zur Förderung der Zusammenarbeit im Jugendbereich.

Es regt u. a. dazu an, Schlüsselqualifikationen für die persönliche und berufliche Weiterentwicklung zu erwerben. Das heißt, hier können bspw. Austauschmaßnahmen zwischen Azubis in transnationalen europäischen Betrieben finanziert werden. Warum nicht mit Azubis in die Niederlassung eines Betriebes in Spanien oder Frankreich fahren, um sich dort gemeinsam mit den Kolleginnen und Kollegen über gemeinsame Ausbildungsinhalte auszutauschen?

Weitergehende Informationen gibt es im Übrigen im Internet unter http://www.webforum-jugend.de

Zu beachten ist, dass bei einer Förderung beide Partnerorganisationen jeweils einen Antrag über die nationalen Agenturen stellen müssen. Das bedeutet, dass eigentlich schon weit im Vorfeld der eigentlichen Begegnung ein Kontakt zur jeweiligen Partnergewerkschaft aufgebaut werden muss. Wichtig zu wissen wäre auch, dass das Aktionsprogramm „Jugend" in vielen europäischen Ländern, anders als in der BRD, oft die einzige Möglichkeit ist für die dortigen Gewerkschaften, solche Begegnungen zu finanzieren.

Vorbemerkung: Die nun folgenden Beispiele basieren auf Fördermöglichkeiten in Baden-Württemberg. Sicherlich gibt es aber ähnliche Fördermöglichkeiten in anderen Bundesländern.

Berufsschulaktionen   8.2.1

Alljährlich zieht die Gewerkschaftsjugend zu Beginn des Ausbildungsjahres vor und in die Berufsschulen, um über Gewerkschaften sowie Rechte & Pflichten in der Ausbildung zu informieren. Zur Präsentation der Broschüren und Flyer wird zumeist ein Infostand aufgebaut oder ein Info-Mobil (z. B. Funmog) bereitgestellt. Dazu bereiten die OJAs noch Aktionen wie Kaffee und „Ausbildungsplätzchen" u. v. a. vor. All dies kostet Geld. Wieso beantragt man für diese Berufsschulaktionen nicht öffentliche Mittel? Die Aktionen sind aus Sicht des Zuschussgebers ein redliches Vorhaben. Tragen sie doch zum einen bei den Beteiligten zu einem gewissen Maß an politischer Bildung bei, denn die Aktivisten müssen sich selbst vorbereiten, um zu wissen, was in den jeweiligen Tarifverträgen, Ausbildungsordnungen und dem Berufsbildungsgesetz steht. Zum anderen werden die Berufsschüler über Tarifverträge, Berufsbildungsgesetz und die Sozialpartner informiert oder erfahren bspw., wie sich die Gehaltsabrechnung zusammensetzt …

Hierzu können nun Gelder ggf. bei der Kommune beantragt werden. Am besten wird es sein, sich beim lokalen Stadt- oder Kreisjugendring zu informieren, wie die Beantragung und Abrechnung verläuft. Gleichwohl kann auch ein Zuschuss aus dem Landesjugendplan[11] beantragt werden.

---

11 Baden-württembergischer Landesjugendplan – praktische Maßnahme

8.2.2 Neuanfängerpartys

In vielen OJAs gibt es ebenfalls zu Beginn des Ausbildungs-jahres so genannte Neuanfängerpartys oder sonstige kultu-relle Veranstaltungen, auf denen sich die Gewerkschaftsju-gend in lockerer Atmosphäre präsentiert. In diesen Fällen wird oft auf Locations am Ort zurückgegriffen und Bands oder DJs aus der Region engagiert. Warum nicht auch hier den Stadtjugendring oder das örtliche Jugendhaus anfragen, ob sie bei solchen Veranstaltungen kooperieren wollen. Die-se wissen ggf., wie die Werbung auch außerhalb des Betrie-bes zu organisieren ist, kennen die kommunale Kulturszene und können auch vielleicht mit der einen oder anderen Mark oder mit personellen Ressourcen unterstützend aufwarten. Auch der Landesjugendplan in Baden-Württemberg sieht für eine solche Kulturpflege Zuschussmöglichkeiten[12] vor.

8.2.3 Jugendseminare (Jugend I)

In fast jeder Verwaltungsstelle finden gesellschaftspolitische Jugendseminare, so genannte Jugend I-Seminare, statt. Trotz der unterschiedlichen Konzepte werden in allen Seminaren gesellschaftspolitische Zusammenhänge aufgezeigt und in entsprechenden Arbeitsformen angeregt, sich mit diesen Zu-sammenhängen auseinanderzusetzen. In den Seminaren werden im klassischen Dreischritt die Stufen der politischen Jugendbildungsarbeit abgehandelt. Beginnend mit einer Analyse der gesellschaftlichen Zusammenhänge. Im zweiten Schritt werden Standpunkte bspw. zur gesellschaftlichen Produktionsweise mit den Teilnehmenden entwickelt. Im dritten Schritt sollen die Teilnehmenden eigene Handlungs-möglichkeiten entwickeln. All dies fördert die jungen Men-schen in ihrer Entwicklung zu einem demokratischen Teil dieser Gesellschaft, deshalb sind die vermittelten Seminar-inhalte förderfähig und entsprechen den Fördergrundsätzen der außerschulischen Jugendbildungsarbeit.

12 Baden-württembergischer Landesjugendplan – Kulturpflege ländlicher Raum

Hierzu ein kleines Rechenbeispiel für ein Seminar. Eine Verwaltungsstelle führt ein Jugend I-Seminar von Sonntagabend bis Freitagmittag mit 18 Teilnehmenden und 2 Teamenden durch.

Der baden-württembergische Landesjugendplan sieht für solche außerschulische Maßnahmen eine Förderung von € 9,70 pro Tag und Teilnehmer vor. Ein ganzer Seminartag nach dem Landesjugendplan muss mindestens 5 Arbeitsstunden und ein halber Tag mindestens 2,5 Stunden beinhalten. Das heißt, bei einem Wochenseminar von Sonntagabend bis Freitagmittag ergeben sich insgesamt 5 Tage. Diese Tage (5) werden nun multipliziert mit den Teilnehmenden (20) und dem Tagessatz (€ 9,70), ergibt eine Förderung von: € 970,00.

Hierzu muss nur noch ein Programm geschrieben werden ... Zu beachten ist, dass so genannte „Bikos" nicht abrechnungsfähig sind, weil sie kein anerkannter Träger nach dem SGB VIII. Solche Seminare könnten aber in Kooperation mit der IG Metall-Jugend durchgeführt werden.

Dieses Beispiel gilt auch für alle Themenseminare in der gewerkschaftlichen Jugendarbeit: Internet-Seminare, Neuanfängerseminare, Ökologie-Seminare etc.

Jugendleiterseminare 8.2.4

Jugendleiterseminare vermitteln Kenntnisse und Fähigkeiten, die dazu dienen sollen, die Jugendleiter zu befähigen anderen Jugendlichen und jungen Menschen Inhalte vermitteln bzw. diese anzuleiten. Dies geschieht innerhalb der gewerkschaftlichen Jugendarbeit oft in Referentenarbeitskreisen, Teamendenarbeitskreisen (TAKs). In Wochen- oder Wochenendschulungen werden bestimmte Themen oder Methoden vermittelt, die für die gewerkschaftliche und somit außerschulische Jugendbildungsarbeit notwendig sind. Die Beantragung und Abrechnung geschieht wie bei Jugendseminaren, auch die Fördersätze sind dieselben. Der Unterschied besteht – zumindest im baden-württembergischen

Landesjugendplan – in der Altersobergrenze: Hier können auch Personen, welche älter als 27 Jahre sind, gefördert werden.

8.2.5 „Azubiaustausch" (international)

Für die Gewerkschaften war und ist die internationale Zusammenarbeit schon immer wichtig gewesen. Dies kann im Rahmen einer Städtepartnerschaft oder bspw. in Form eines Austausches von Auszubildenden geschehen. Auszubildende und junge Arbeitnehmer/-innen aus transnationalen Konzernen können etwa in einer internationalen Jugendbegegnung sich über Arbeits- und Lebensbedingungen in den jeweiligen Ländern austauschen und gemeinsame Projekte für die Zukunft planen. Dass solche Austauschmaßnahmen u. a. zur Völkerverständigung und zum Abbau von Vorurteilen beitragen, dürfte kein Geheimnis sein. Der Staat hat schon lange erkannt, dass solche Begegnungen wichtig sind, und fördert sie daher entsprechend. Die Grundregel (Ausnahmen sind wie immer möglich) ist, dass die einladende Gruppe die Kosten für Unterkunft, Verpflegung, Programm und Versicherung trägt. Die eingeladene Gruppe trägt die Fahrtkosten. Da Austauschmaßnahmen immer auch auf Rückbesuche ausgelegt sind, gleicht sich dies aus. Der KJP sieht oft für so genannte Out-Maßnahmen (die Teilnehmenden fahren in ein anderes Land) einen pauschalierten Fahrtkostenzuschuss vor. Bei In-Maßnahmen fördert der KJP mit unterschiedlichen Tagessätzen, je nach Art der Maßnahme. Kosten für Dolmetscher oder Sprachmittler können gerade bei (Spezial-) Themen zur beruflichen Bildung geltend gemacht werden. Hier sollten unbedingt die Antragsfristen beachtet werden, weil diese in der Regel im Herbst des Vorjahres der Begegnung liegen.

8.3 Abschließende Bemerkungen

Dieser Artikel sollte Mut gemacht haben und anspornen, sich mit einem eher bürokratischen Thema auseinander zu setzen. In vielen Fällen ist das beim ersten Mal am schwierigsten. Sind aber die Grundlagen gelegt, kann man immer wieder auf diese zurückgreifen. Mittlerweile haben die Abrechnungsstellen die Formulare digitalisiert, so dass auch das Ausfüllen erleichtert wird. Im Internet gibt es, dies haben die Recherchen zu diesem Artikel gezeigt, unzählige Seiten zur Finanzierung der Jugendarbeit. Exemplarisch sollen hier die wichtigsten genannt werden:

www.jugendserver.de
Diese Seite hat bundesweite Bedeutung. Dort sind öffentliche und nicht öffentliche Fördermöglichkeiten aufgeführt. Der Jugendserver verlinkt auch zu den einzelnen Bundesländern.

www.jugendarbeitsnetz.de
Dies ist eine Seite, welche für die baden-württembergische Jugendarbeit zusammengestellt wurde, sie wartet mit einem unfassenden Informations- und Download-Bereich auf. Es lohnt sich, immer wieder mal auf diese Seite zu gehen, da auch dort aktuelle Sonderprogramme abgelegt sind.

www.webforum-jugend.de.
Aktionsprogramm „Jugend" der EU.

www.stiftungsindex.de/recherche
Diese Seite enthält eine große Liste von Stiftungen. Auch hier ist es durchaus denkbar, für Maßnahmen Gelder zu akquirieren. Gibt man den Suchbegriff „Jugendhilfe" ein, erscheint bspw. die Robert-Bosch-Stiftung, welche Begegnungen mit osteuropäischen Ländern fördert.

www.ijab.de
Die Seiten des Internationalen Jugendaustauschs und des Besucherdienstes der Bundesrepublik Deutschland warten ebenfalls mit vielen Informationen zu internationalen Begegnungen auf. Dort gibt es u. a. auch Länderinformationen.

Im folgenden Kapitel wollen wir uns einem Kompetenzbereich widmen, der in der Alltagspraxis von haupt- und ehrenamtlichen Gewerkschaftsfunktionären von zentraler Bedeutung ist: die Beratung.

Beratung vollzieht sich in der gewerkschaftlichen Jugendarbeit in vielfältiger Weise: Ein Jugendlicher hat ein Problem mit dem Ausbildungsmeister und wendet sich an einen Jugend- und Auszubildendenvertreter, eine junge Facharbeiterin wünscht sich von der Gewerkschaftssekretärin eine Weiterbildungsberatung und Informationen zu weiteren Karrierewegen, eine JAV möchte ihre Arbeit neu organisieren und wendet sich Rat suchend an den oder die zuständige Jugendsekretär/-in, im Rahmen der Bildungsarbeit entwickeln Bildungssekretäre gemeinsam mit der betrieblichen Interessenvertretung konkrete Konzepte z. B. zur Gestaltung der Arbeitsorganisation und begleiten die Umsetzung.

Beraten ist Alltagsgeschäft. Gemessen daran, findet eine reflexive Auseinandersetzung mit der eigenen Beratungspraxis nur selten statt.

Viel zu oft sind Jugendsekretäre und betriebliche Interessenvertreter in der Situation, nur noch Feuerwehreinsätze fahren zu können; entweder drängt die Zeit, oder andere Aufgaben müssen bewältigt werden. Die eigenen Ziele und guten Vorsätze bleiben auf der Strecke. Statt Beratung läuft schnelle Hilfe. Sei es aufgrund mangelnder methodischer Kenntnisse oder zu hohem Arbeitsvolumen, ursprünglich angestrebte systematische Herangehensweisen veröden oft im Ansatz. Statt ganzheitlicher Strategie bleibt es bei kurzfristiger Reaktion, bei Flickschusterei.

Die häufig fehlende Auseinandersetzung mit vorhandenen Beratungsansätzen und -methoden sowie der eigenen Praxis ist um so schwerwiegender, als dass die im Rahmen der IG-Metall-Jugendstudie erforschten Orientierungen junger Arbeitnehmer/-innen ihre Konsequenzen nicht zuletzt in der Beratungstätigkeit haben: Professionalität verweist auf kompetente Beratung, Lebensgefühl und Emotionalität setzen eine entsprechende Sensibilität voraus, ein Ermöglichungsparadigma macht ein Aushalten unterschiedlicher und das glaubwürdige Vertreten eigener Positionen notwendig. Pragmatismus verweist auf pragmatische, umsetzungsorientierte Beratungsangebote. Beratung darf nicht bevormunden und instrumentalisieren, sondern – auch das stützen die Ergebnisse der IG-Metall-Jugendstudie – muss Mitgestaltung und Selbstentfaltung zulassen; Beratung kann nur gelingen, wenn die jeweiligen Ankerplätze als Bezugspunkt für das Finden möglicher Lösungen ausgemacht werden.

Vertiefte Informationen zum Thema Beratung finden sich in folgendem praxisorientierten Lehrbuch, das sich an Anfänger und Fortgeschrittene richtet: „Beraten will gelernt sein" von Sabine Bachmaier

Wir wollen mit diesem Kapitel Anregungen und Impulse geben. Allerdings gilt einschränkend festzustellen: (1) Wir können das Thema hier nur anreißen. (2) Der Erwerb und die Erweiterung der Beratungskompetenz kommt ohne praktisches Üben nicht aus.

9.1 Beratung als subjektorientierter und systemischer Prozess

Wie bereits angedeutet lassen sich zunächst unterschiedliche Beratungsanlässe und -ziele unterscheiden: Fachberatung und Prozessberatung, individuelle Beratung, Gruppenberatung [13] und Beratung von Institutionen bzw. Gremien (z. B. einer JAV), mittelbare und unmittelbare Beratung [14], steuernde Beratung und Beratung zur Prävention (z. B. Drogenberatung). In einem Fall „reicht" die Bereitstellung von Informationen und Auskünften, im anderen Fall gilt es Prozesse zu gestalten. Wie dem auch sei: In der Beratung geht

13 Beratung von mehreren Personen, die ein gemeinsames Problem haben

14 Bei der mittelbaren Beratung stehen sich die Kommunikationspartner nicht gegenüber. Sie kommunizieren z. B. per Telefon oder Brief. Bei der unmittelbaren Beratung stehen sich die Kommunikationspartner Auge in Auge gegenüber, haben die Möglichkeit, unmittelbar aufeinander einzugehen.

es immer darum, die Ratsuchenden so zu beraten, dass sie mit ihren Problemen und Fragen selbst fertig werden (Hilfe zur Selbsthilfe statt Stellvertreterpolitik). Entscheidungen und Lösungen werden also nicht vom Berater vorgegeben, sondern von den Ratsuchenden selbst gefunden.

Beratung, die verbietet, anordnet, ermahnt oder überredet, kann kaum gelingen.

Unter analytischen Gesichtspunkten lassen sich folgende Beratungsperspektiven unterscheiden:

a) Die systemische Perspektive

Der Berater muss die relevanten Systeme in den Blick rücken, die Lebenswelt der Beteiligten und deren individuelle Sichtweisen berücksichtigen. Probleme und andere Beratungsanlässe sind i. d. R. komplex und lassen sich nur selten auf einen einzigen Faktor zurückführen. Individuen sind eingebunden in ein System von Verhaltensweisen und Beziehungen.

Das systemische Konzept beschäftigt sich mit der Vielzahl von Wechselwirkungen und Zusammenhängen, in die ein Mensch bzw. ein Problem zu stellen ist. Die systemische Sichtweise hilft, die wechselseitigen Abhängigkeiten und gegenseitigen Einflüsse im System zu erkennen. Wie ein System definiert ist, wer Mitglied eines Systems ist, ist von Fall zu Fall unterschiedlich: Es kann ein Betrieb sein, ein Gremium, eine Gruppe, eine Abteilung oder die Ausbildungswerkstatt. Bei der Frage z. B., wie sich kaufmännische Auszubildende stärker für die Gewerkschaft gewinnen lassen, spielen die verschiedensten Aspekte und deren Wechselwirkung eine Rolle: Das Image der Gewerkschaft, die Arbeit des zuständigen gewerkschaftlichen Betriebsbetreuers, des Jugendsekretärs, der JAV und des Betriebsrats, die Sichtweise der gewerblichen gegenüber den kaufmännischen Auszubildenden und umgekehrt, die bisherigen Erfahrungen in der Ausbildung, die tariflichen Bestimmungen, der Organisationsgrad der Angestellten insgesamt, die Rolle der Aus-

bilder usw. usf. Ohne die Berücksichtigung der unterschiedlichen Aspekte und deren positiven wie negativen Einflüsse
und Wechselwirkungen bleibt auch die Beratung unvollstän-
dig, zufällig und fragmentarisch.

Zum Konstruktivismus
vgl. Kapitel 2.1.2.2, Seite 27 ff.

b) Die konstruktivistische Perspektive

Aufgrund von jeweils unterschiedlichen Vorerfahrungen und
Umwelten werden Probleme und Wirklichkeiten individuell
unterschiedlich wahrgenommen und verarbeitet. Sowohl
Ratsuchende als auch Berater werden beeinflusst von zeitlichen, räumlichen und sozialen Kontexten. Es wäre eine Illu-
sion anzunehmen, dass Menschen, schon allein weil sie die
gleiche Sprache verwenden, sich auch tatsächlich verstehen.
Wörter rufen individuell unterschiedliche Erfahrungen ab
und bewirken unterschiedliche Assoziationen. Jeder hat
seine eigene Brille, mit der er die Wirklichkeit in den Blick
nimmt. Im Beratungsprozess gilt es deshalb, die jeweils
unterschiedlichen Wahrnehmungswelten herauszuarbeiten
und zu berücksichtigen. Dies setzt seitens des Beraters Aufgeschlossenheit gegenüber den jeweiligen Erfahrungen,
Sichten und Vorschlägen voraus.

c) Die Subjektperspektive

Ratschläge können individuell abgewehrt oder extrem verändert werden, wenn sie nicht in die kognitive und emotionale Struktur des Ratsuchenden passen, sie also nicht viabel
sind (d. h. nicht in das individuelle Konzept passen). Der Berater muss die Ratsuchenden dort abholen, wo diese sich
gerade befinden (Ankerplätze ausloten), und zu selbsttätiger
Problemlösung anregen. Er darf nicht instrumentalisieren,
sondern muss seine Vorschläge begründen. Es muss für den
Ratsuchenden einsichtig sein, dass das Ergebnis der Beratung und die Umsetzung der gemeinsam erarbeiteten Lösungen zu einer Bereicherung i. S. erweiterter Handlungsmöglichkeiten führen kann.

Diese Perspektiven verweisen unseres Erachtens auf folgende Beratungskompetenzen:

- Der kompetente Berater muss eine Atmosphäre des Vertrauens schaffen. Unter anderem ist Grundlage dafür, dass der Berater in der Lage ist, sich in den Ratsuchenden hineinzuversetzen (Empathie), ihn mit seinen Problemen und als ganze Person ernst zu nehmen (Akzeptanz).

- Der kompetente Berater schafft angemessene Rahmenbedingungen, die eine sachgerechte Erörterung des Problems und eine Lösungssuche ohne Zeitdruck und äußere Störungen erlauben.

- Der kompetente Berater muss dort, wo Informationsvermittlung angezeigt ist, für eine bestmögliche Auswahl, Gestaltung und Präsentation derselben sorgen.
  - Sprachliche Formulierungen sollen einfach gehalten werden. Verschachtelte Sätze, zu viele Fremdwörter, unklare Begriffe sind zu vermeiden (Einfachheit).
  - Ein „roter Faden" und eine übersichtlich gegliederte Anordnung der Informationen erleichtern die Verständlichkeit (Gliederung, Ordnung).
  - Die Aussagen sollten das Wesentliche herausheben und nicht durch viele Nebengedanken Verwirrung stiften. Allerdings kann auch ein zu kurz und abstrakt gehaltener Text die Verständlichkeit erschweren (Prägnanz).
  - Impulse und Abwechslung durch Beispiele, die nicht die Prägnanz vermindern, können das Interesse am Text wecken und aufrecht erhalten. Problemorientierte Fragen regen die Auseinandersetzung mit dem Text an. Mit Beispielen werden abstrakte Aussagen einprägsamer (zusätzliche Stimulanz). (Bachmaier et. al, 1999, S. 46)

- Der kompetente Berater strukturiert die Beratung so, dass Entscheidungs- und Diskussionsprozesse durchschaubar sind. Hierzu bedient er sich Strukturierungshilfen, wie z. B.:
  - klare Definition einer Besprechung (um was geht's)
  - Konkretisierung und Präszisierung zur Schaffung von Klarheit und Verständlichkeit (z. B. einen Sachverhalt beschreiben/ein Beispiel geben lassen)

- Zusammenfassen und Bündeln von Beiträgen und Positionen (die Diskussion auf einen gemeinsamen Nenner bringen)
- Beobachten, Beschreiben und Deuten des Diskussionsprozesses als Rückmeldung, wie man selbst eine Aussage wahrgenommen hat (z. B. „meinst du damit, dass ...")
- Forderung nach Rückmeldung, damit im Zusammenhang mit einer Gruppenberatung die Gruppe in dieselbe Richtung geht („Sind Sie mit der Vorgehensweise einverstanden?" „Möchten Sie noch etwas zu diesem Thema sagen?" etc.)
- eigene Positionen, Widerspruch und Kritik von den Ratsuchenden einfordern, allerdings nicht als unumstößliche Wahrheit, sondern als Ich-Botschaften (Schaffung der Klarheit über unterschiedliche Perspektiven)

- Unter systemischen Aspekten berücksichtigt der kompetente Berater persönliche und soziale Gesichtspunkte und ihre Verwicklungen. Er befördert vernetztes Denken und verhilft der Einsicht zum Durchbruch, dass das jeweils eigene Verhalten auf den anderen zurückwirkt (zirkuläre Kommunikation).

- Der kompetente Berater bedient sich Gesprächstechniken, bei denen ...
  - die Ratsuchenden ermuntert werden zu reden, ohne dass das Gesagte jedesmal kommentiert und bewertet wird (aktiv zuhören/nicht festlegende, offene Aufforderung und Botschaften)
  - geklärt wird, ob tatsächlich die Aussagen des Ratsuchenden verstanden wurden (Paraphrasieren).
  - Emotionen rückgespiegelt und verbalisiert sowie Gefühle bewusst gemacht werden. Der Berater darf Emotionen nicht bagatellisieren.
  - unterschiedliche Wahrnehmungen und Wirklichkeiten zwischen Berater und Ratsuchendem bzw. zwischen den Ratsuchenden angenähert werden. Dabei geht es darum, Anschluss an das Modell der Wirklichkeit der/des Ratsuchenden zu finden, um dann zu helfen, diese Wirklichkeit mit neuen Verhaltens- und Erlebnismöglichkeiten zu erweitern.

Paraphrasieren meint Wiederholen, Umschreiben der Aussagen mit eigenen Worten, um Missverständnisse zu vermeiden

- Fragen gestellt werden, die eine Auseinandersetzung und Perspektive ermöglichen. Bezugspunkt wird damit nicht der Problem-, sondern der Zielrahmen:
  - Was möchtest du? Wir formulieren positiv und in eigener Kontrolle das Ziel.
  - Was machst du dann? Wir beschreiben die Zukunft.
  - Wann, wo, wie, mit wem möchtest du das tun?
  - Wie verändert sich dadurch dein Leben? Wie verändern sich deine Beziehungen, die dir wichtig sind?
  - Welche positiven Absichten stecken hinter den gegenwärtigen Problemen, die auch im wünschenswerten zukünftigen Zustand erhalten bleiben sollen?

Beratungsphasen 9.2

Ein Beratungsprozess läuft in der Regel so ab:

a) Schaffen der Beratungsgrundlagen

In dieser ersten Phase gilt es insbesondere zwei Voraussetzungen für eine erfolgreiche Beratung zu schaffen:

Zum einen die Klärung der Erwartungen und Möglichkeiten und zum anderen die Schaffung einer Vertrauensbasis.

Im Rahmen des Erwartungsabgleichs muss der Berater klar machen, dass er keine Patentlösung parat hat, sondern nur Hilfe zur Selbsthilfe geben kann. Es sollte deutlich werden, dass sich Beratung als Unterstützung und nicht als stellvertretende Problemlösung versteht.

Außerdem versucht der Berater, sofern noch nicht vorhanden, eine Vertrauensbasis herzustellen, damit der Ratsuchende offen über seine Probleme reden kann.

b) Problemdefinition und -analyse

In dieser Phase werden Probleme wahrgenommen/bewusst gemacht, aus unterschiedlichen Blickwinkeln betrachtet und beschrieben. Die Sichtweisen der Kommunikationspartner zum Problem sollen dargestellt werden. Das Problem soll konkret beschrieben werden:

Verbunden damit sollte der Berater auch die Frage stellen, mit welcher Zielsetzung jemand in die Beratung kommt. Wird dem Berater nur die Rolle des Zuhörers zugedacht oder soll er als Kommunikationspartner genutzt werden? Soll ein Problem gelöst werden (was kann man wie tun?) oder ist eine Entscheidungshilfe gewünscht?

So oder so: Die direkte Nachfrage ist die beste. Man nennt derartige Nachfragen auch „Türöffner", z. B.:

– „Was möchtest du mit mir konkret besprechen?"
– „Wie kann ich dir weiterhelfen?"
oder einfach nur ...
– „Was liegt an?"

c) Bedingungsanalyse

Das Problem wird in seinen Zusammenhängen analysiert; die Bedingungen, die zum Problem führen oder es aufrecht erhalten, müssen geklärt werden:

– Unter welchen Umständen tritt das Problem auf?
– Was geht voraus? Was folgt danach?
– Was hängt wie mit dem Problem zusammen?

Durch die systemische Bedingungsanalyse werden veränderbare Bedingungen sichtbar.

Der Berater bekräftigt Aussagen des Ratsuchenden, die sich aus der intensiven Auseinandersetzung mit der Problemstellung spontan ergeben und einen ersten Schritt in Richtung Problemlösung darstellen können.

d) Zielanalyse und Lösungsauswahl

Durch das Beratungsgespräch gewinnt der Ratsuchende eine neue Sichtweise gegenüber seinen Problemen und erarbeitet Lösungsmöglichkeiten. Es werden Ziele aufgestellt und Lösungen entwickelt, gesammelt und ausgewählt.

– Was wollen die Beteiligten erreichen?
– Welchen Weg, welches Verhalten wählen die Beteiligten?

Oberste Maxime ist: Im Beratungsgespräch spielt der Ratsuchende die Hauptrolle. Um ihn dreht und wendet sich der gesamte Gesprächsverlauf. Es empfiehlt sich erst dann eigene Ideen einzubringen, wenn ersichtlich ist, dass das Gegenüber im Gespräch an seine Grenzen gestoßen ist.

Wenn sich in der Beratung erste Lösungsansätze zeigen, werden diese z. B. an einer Pinnwand gesammelt, anschließend nach Brauchbarkeitsgesichtspunkten sortiert und gemeinsam als Lösungs- bzw. Umsetzungsschritte formuliert.

e) Umsetzung der Lösung

Die Bedingungen für die Umsetzung der Lösungen werden in dieser Phase der Beratung geplant und organisiert, ggf. ausprobiert und durchgeführt.

f) Lösungskontrolle

Die Lösung wird von den Beteiligten bewertet, Erfolge werden gemeinsam definiert und auf ihre Übertragbarkeit geprüft. Das aufgestellte Ziel und die realisierte Lösung werden verglichen. Ist das Ziel nicht erreicht, wird überprüft, bei welchen Schritten mögliche Fehler gemacht wurden.

Durch die Realisierung von Lösungswegen gewinnt der Ratsuchende weitere Sichtweisen, erfährt eine Erweiterung seiner Handlungsmöglichkeiten und soll am Ende selbstständig mit dem Problem umgehen können.

Nach über einem Jahrzehnt verzeichnet die IG Metall-Jugend
seit 2001 bundesweit wieder steigende Mitgliederzahlen. In
den neunziger Jahren war die Mitgliederzahl bei der IG Metall-Jugend[15] drastisch gesunken, von 500.000 Mitgliedern
nach der Integration der neuen Bundesländer auf knapp
190.000 im Jahr 2000. Hauptgrund war ein dramatischer
Beschäftigungsabbau in der Metallwirtschaft, vor allem bei
jungen Beschäftigten. Daneben gelang es der IG Metall auch
nicht, sich ausreichend flexibel auf veränderte Ausgangsbe-
dingungen bei den jungen Beschäftigten in der Metallwirtschaft und auf z. T. fundamental veränderte Einstellungen
bei Jugendlichen auszurichten.

Anstatt jedoch tiefer liegende Ursachen zu analysieren, bezogen auch organisationsinterne Kritiker der gewerkschaftlichen Jugendarbeit ihre Informationen aus einer oberflächli-
chen Mediendebatte, um eine Generalabrechnung mit der
geübten Praxis der Jugendarbeit vorzunehmen (siehe 10.1.1).
Ein Blick auf Schlüsselergebnisse relevanter Jugenduntersuchungen (hier v. a. Shell-Studie 2000 und Held-Studie) fördert
jedoch vollkommen andere Ergebnisse zutage, als die in der
medialen Debatte getroffenen Schlussfolgerungen (10.1.2).

Die IG Metall-Jugend versucht, diese tiefer liegenden Veränderungen in den Vorstellungen der Jugendlichen in die eigene Arbeit zu integrieren. So werden seit Mitte der 90er Jahre die bisherigen Mitgliederwerbekonzepte für Jugendliche

15 Bis 31.12.2001 galt bei der IG Metall die Altersgrenze von 25 Jahren
für den Jugendbereich. Alle folgenden Angaben beziehen sich auf diese
Zahlen. Für die seit dem 1.1.2002 gültige Altersgrenze des vollendeten 27.
Lebensjahres (analog dem Kinder- und Jugendhilfegesetz) können rück-
wirkend keine Auswertungen erstellt werden.

systematisch ergänzt, um den negativen Trend bei der Mitgliederentwicklung wieder umzukehren. Im Mittelpunkt stehen dabei seit 1996 im Abstand von zwei Jahren bundesweit aufgelegte Aktionskampagnen, die auf allen Ebenen der IG Metall (Bund, Bezirk, Verwaltungsstelle) ein ganzheitlich integriertes Konzept bilden, bei dem der Adressatenbezug für die beteiligten Jugendlichen klar im Mittelpunkt steht (siehe 10.2.1). Ein zweites Standbein bilden zielgruppenorientierte Ansprachekonzepte, z. B. für Auszubildende im Handwerk, den neuen IT-Berufen oder bei Studierenden an Berufsakademien, die dem enormen Wandel bei den Auszubildenden und den Beschäftigten in der Metallwirtschaft Rechnung tragen (siehe 10.2.2). Sie werden in einigen Bezirken der IG Metall durch spezifische Ansprachekonzepte bei der Mitgliederentwicklung ergänzt. Eine solche Konzeption soll am Beispiel des Projektes „ZAP" aus dem Bezirk Baden-Württemberg veranschaulicht werden (siehe 10.2.3).

Klare politische Interessenvertretung und Mitwirkungsmöglichkeiten für Jugendliche

Allen genannten Formen ist eines gemeinsam: Im Kern steht eine klare, politisch eindeutige Interessenvertretung für die angesprochenen Jugendlichen, denen bei allen Aktivitäten gleichzeitig erhebliche Mitwirkungsmöglichkeiten eingeräumt werden. Dieser Mix ist offenbar erfolgreich, denn seit Ende 2001 weist zum ersten Mal seit über zehn Jahren der Mitgliederbestand bei Jugendlichen in der IG Metall bundesweit wieder nach oben, nachdem seit 1997 die Zahl der organisierten Auszubildenden jährlich gesteigert werden konnte.

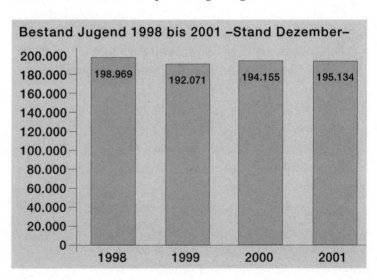

Bestand Jugend 1998 bis 2001 –Stand Dezember–

Anmerkung zum Schaubild: Die zwischen 1999 und 2000 verzeichnete Mitgliedersteigerung ist kein „echter" Zugewinn, sondern resultiert aus der Integration der Gewerkschaft Holz und Kunststoff. Auf den vorherigen Organisationsbereich bezogen belief sich der Bestandsverlust zwischen 1999 und 2000 auf ca. 3.000 Jugendliche.

Die theoretische Debatte   10.1

Die Diskussion in den Medien   10.1.1

Eine theoretische Debatte über die künftige politische Ausrichtung der Gewerkschaftsjugend fand häufig in persönlichen Gesprächen, nicht selten auch mit impliziten Vorwürfen an die für Jugendarbeit Verantwortlichen, nie aber offen statt. Erst 1999 startete der damalige ÖTV-Bundesjugendsekretär Steffen Kühhirt mit dem Artikel „Die Jugend darf nur die Bühne beleuchten" (Süddeutsche Zeitung vom 10.8.1999) eine heftige Diskussion. Ebenso wie den Jusos wirft er den eigenen Reihen ein Festhalten an antiquierten Dogmen vor. Im gleichen Atemzug lehnt er die verteilungspolitische Kernforderung der Gewerkschaftsjugend, die gesetzliche Umlagefinanzierung zur Schaffung von Ausbildungsplätzen („Wer nicht ausbildet, muss zahlen"), ab. Seine Anklage gipfelt in dem Vorwurf „Junge Wilde" wie er selbst würden von „Traditionalisten" untergebuttert, die überhaupt nicht mehr nachvollziehen könnten, wie Jugendliche und junge Erwachsene heute dächten.

Kühhirt stützt sein Jugendbild auf eine Reihe von öffentlichkeitswirksam platzierten Artikeln und Aufsätzen aus dem Grenzbereich zwischen quasi-wissenschaftlicher Analyse und Feuilleton für Nachwuchsleser. Entsprechende Beschreibungen finden sich bei den Autoren Jörg Tremmel (u. a. „Gewerkschaftliche Monatshefte"), dem Autorenduo Johannes Goebel/Christoph Clermont („Die Tugend der Orientierungslosigkeit") oder dem FAZ-Redakteur Florian Illies („Generation Golf"). Wissenschaftliche Weihen erhalten ihre Thesen durch den bekannten Soziologen Ulrich Beck, der ähnliche

Verzerrte Jugenddebatte in den Medien

143

Deutungsmuster für Jugendliche präsentiert. Sie alle entwerfen – mit unterschiedlichen Nuancen – optimistische Jugendliche, die sich vor allem durch drei Gemeinsamkeiten auszeichnen:

– Die ausgeprägte Betonung von Individualität und Flexibilität in der eigenen Lebensgestaltung (Clermont/Goebel: „Lebensästhet ... was zählt, ist die Einordnung ins individuelle Konstrukt.") und die damit verbundene tiefgreifende Ablehnung jeder Form von institutionalisierter Mitwirkung z. B. in Verbänden.

– Die Ablehnung einer für die 68er-Bewegung als typisch erachteten Form von Politikbetrachtung, die sich kritisch mit den politischen Verhältnissen auseinandersetzt (Tremmel). Während Tremmel den „Pragmatismus der 89er-Generation" entgegensetzt, konstatiert Beck eine als Reaktion auf die 68er entwickelte wiederum hoch politische Politikverleugnung: „Die Jugendlichen haben – endlich – auch was entdeckt, mit dem sie Erwachsene zur Panik treiben können: Spaß."

– Die nicht in erster Linie inhaltlich motivierte, sondern vor allem ästhetisch begründete Ablehnung von politisch aktiven Altersgenossen/-innen: „Die Schülervertretung als solche war eine alberne Ablehnung der 70er Jahre, wir sahen eigentlich keinen rechten Sinn mehr darin ... man erkannte sie schon beim Eintreten an den Greenpeace-Stickern und dem hennarot gefärbten Haar." (Illies)

Durch diese Sicht wird die mediale Jugend-Debatte der vergangenen Jahre maßgeblich, fast monopolisitisch geprägt und sie hat deshalb auch erhebliche Auswirkungen auf innergewerkschaftliche Diskussionen. Leider wird der blinde Fleck dieses Jugend-Diskurses von seinen Anhängern übersehen: Er konzentriert sich auf einen Ausschnitt von Jugendlichen, der überwiegend in Großstädten lebt, studentisch geprägt ist oder dort in flexiblen Jobs der inzwischen von der ökonomischen Realität eingeholten Medien- oder Informations- und Telekommunikatonstechnologie arbeitet. Die Kehrseite bilden Horrormeldungen über marginalisierte oder radikalisierte

Jugendliche. Bei den meisten Berichten über Rechtsradikale, Fußball-Hooligans oder vorzugsweise nichtdeutsche Jugendgangs steht keine differenzierte Auseinandersetzung, sondern eine prickelnde Schock-Berichterstattung im Vordergrund.

Der Skandal dabei ist: Eine große Mehrheit der Jugendlichen spielt in der öffentlichen Diskussion keine Rolle. Dabei beginnen immer noch weit über 600.000 von ihnen jährlich eine per Berufsbild geregelte Ausbildung. Seriöse Umfrageergebnisse zugrunde gelegt, kommen diese Jugendlichen zu ganz anderen Schlussfolgerungen als der ehemalige ÖTV-Bundesjugendsekretär Steffen Kühhirt, der auf einer medialen Debatte aufzusetzen versuchte, anstatt die eigene Klientel in den Blick zu nehmen. 81,5 Prozent der 14-19-Jährigen bewerteten z. B. laut einer Umfrage des Forschungsinstitutes „result" die von ihm abgelehnte Forderung nach einer gesetzlichen Umlagefinanzierung zur Schaffung von Ausbildungsplätzen im Januar 1998 als positiv.

Wissenschaftliche Ergebnisse der Jugendforschung   10.1.2

Da in diesem Buch ausführlich auf Ergebnisse der Jugendforschung eingegangen wird, sollen hier nur diejenigen Punkte kurz angerissen werden, die für die Entwicklung der zentralen Mitgliederwerbestrategien von entscheidender Bedeutung sind. Relevante Ergebnisse aus der Shell-Studie 2000 sowie aus der Untersuchung von Held u. a.[16] sind in diesem Zusammenhang zusammengefasst:

– Der Beruf steht – anders als der so genannten Spaß-Generation vielfach unterstellt – im Zentrum der Lebensvorstellungen von Jugendlichen und jungen Erwachsenen.

– Die „soziale Segmentierung" bei Jugendlichen führt zu differenzierten Zukunftsanfoderungen und Lebensentwürfen. Grob vereinfacht scheiden sich Jugendliche in die

16 Ich beziehe mich dabei auf den im Juli 2001 von Seddik Bibouche und Josef Held vorgelegten Zwischenbericht „IG-Metall-Jugendstudie – neue Orientierungen und Engagementformen bei jungen Arbeitnehmern/-innen".

Gruppe der „Selbstverwirklicher", die dieses Ziel aus-
drücklich auch für den Beruf formuliert, und die Gruppe
der „Selbsterhalter", die aufgrund schlechterer Startchan-
cen vor allem auf die Sicherung der eigenen Zukunft beschränkt sind.

Traditionelles Gewerkschaftsverständnis bei Jugendlichen

– Im Gegensatz zu Parteien, Kirchen und Arbeitgeberver-
bänden erhalten Gewerkschaften bei Jugendlichen relativ
gute Imagewerte. Dabei ist das Gewerkschaftsverständnis
relativ eng und traditionell. Das Wissen über Gewerkschaften ist sehr gering.

– Zumindest junge Arbeitnehmer/-innen engagieren sich
nicht in Bürgerinitiativen oder selbst organisierten Gruppen, sondern in Vereinen und – weniger häufig – auch in
Verbänden. Darin allerdings dominieren der Wunsch nach
Mitgestaltung, Ich-bezogene Motive der Mitwirkung sowie
die Anforderung, sich auch nur für einen bestimmten Zeitraum aktiv engagieren zu können/zu müssen.

– Bei Jugendlichen ist eine deutliche Abkehr von der Politik zu beobachten, der jedoch ein traditionelles Politikverständnis („das, was die Politiker machen") zugrunde liegt.
Es dominieren pragmatische Herangehensweisen an aktuelle Herausforderungen. Klar abgelehnt wird überwiegend negative Kritik, die viele Jugendliche mit der Partei
„Bündnis 90/Die Grünen" assoziieren und die deshalb gegenüber vorhergehenden Untersuchungen erheblich an
Stimmen verliert (Halbierung des Wähleranteils zwischen
der Shell-Studie 1997 und 2000).

10.2   Die Handlungsstrategien

Einige dieser Ergebnisse waren – ohne immer derart expli-
zit erforscht worden zu sein – Ausgangspunkt für die bundesweite Orientierung der IG Metall-Jugend seit Mitte der
90er Jahre. Sie hatten sich aus den persönlichen Gesprächen
mit vielen Jugendlichen ergeben und standen teilweise im
krassen Gegensatz zu der in diesem Artikel beschriebenen
Medien-Debatte. Einige neuere Anhaltspunkte aus der Held-

Untersuchung und der Shell-Studie 2000 werden in neue Konzepte der gewerkschaftlichen Jugendarbeit in den nächsten Jahren noch einfließen. Im folgenden soll eine Auswahl wichtigster Schwerpunkte der bundesweiten IG Metall-Jugendarbeit vorgestellt werden, die im Detail auf Grundlage neuer Erkenntnisse oder Forderungen der Jugendlichen selbst beständig weiterentwickelt wird.

Kampagnen und Aktionsfestivals 10.2.1

Seit 1995 initiiert die IG Metall-Jugend breite, meist über fast ein Jahr andauernde Kampagnen, die in einem abschließenden Aktionsfestival ihren Höhepunkt finden. Im Mittelpunkt stehen phantasievoll dargestellte Anforderungen der Jugendlichen an Politik und Gesellschaft.

Alle bisherigen Kampagnen wurden von den Jugendlichen (bei der Kampagne 2000 mit Einschränkungen) als positiv bewertet. Insbesondere die Kampagnen von 1998 und 2000 haben sich erheblich auf gesteigerte Zahlen bei der Mitgliederwerbung von Jugendlichen für die IG Metall ausgewirkt. Fast 4.000 Neuaufnahmen mehr als in Jahren ohne Aktionsfestival konnten in den für die IG Metall besonders entscheidenden „Jugendwerbemonaten" (dort nehmen die neuen Auszubildenden ihre Arbeit auf, deshalb steigen in dieser Zeit die Neuaufnahmen deutlich) erzielt werden.

Aktionskampagnen, die die IG Metall-Jugend maßgeblich mitinitiiert hat:

1996:
„Deine Einstellung zählt"
(„Ausbildung für alle – für eine gesetzliche Umlagefinanzierung"); 15.000 Jugendliche beim Abschlußfestival in Frankfurt

1998:
„Wer, wenn nicht wir"
(für einen umfassenden Politikwechsel); 40.000 Jugendliche (DGB-weite Aktion) beim Abschlußfestival in Frankfurt

2000:
„Her mit dem schönen Leben!"
(den geforderten Politikwechsel umsetzen); 15.000 Jugendliche beim Abschlußfestival in Berlin

2002/2003:
„Her mit dem schönen Leben! II"
(Umverteilung des gesellschaftlichen Reichtums von oben nach unten – für vielfältige Bildungsmaßnahmen); Abschlußfestival in Köln hat zum Zeitpunkt der Veröffentlichung noch nicht stattgefunden

Aktionstage bringen Mitglieder!

Neuaufnahmen Jugendliche in den Jugendwerbemonaten (August-Dezember)

10.2.1.1 Aktionskampagnen als integriertes Gesamtkonzept

Es mag auf den ersten Blick überraschen, dass trotz der von Josef Held konstatierten Politikverleugnung bei den von der IG Metall-Jugend initiierten Kampagnen eine derart hohe und motivierte Beteiligung entsteht, die sich sogar in einer deutlich messbaren Steigerung der Mitgliederzahlen äußert. Die Gründe sind nur zu einem geringen Teil im attraktiven Angebot an Musikgruppen zu suchen, die das Abschlusskonzert an dem genannten Aktionstag bestreiten.

Aktionskampagnen: Jugendliche frühzeitig in die Konzeption einbeziehen

Der Erfolg der Aktionskampagnen hängt maßgeblich von einem funktionierenden Zusammenspiel der verschiedenen Ebenen (Bund, Bezirke, Verwaltungsstellen) der IG Metall sowie einer frühzeitigen Einbeziehung der späteren Adressaten, nämlich der Jugendlichen, bereits bei deren Konzeption ab. Eine aktive Mitwirkung bei der inhaltlichen Schwerpunktsetzung sowie die beständige Weiterentwicklung der laufenden Kampagne ist gewährleistet und garantiert letztendlich den Erfolg.

Weitere Voraussetzungen für den nachhaltigen Erfolg einer Aktionskampagne sind

– Die Orientierung bei den politischen Kernforderungen an den unmittelbaren Arbeits- und Lebensbedingungen der Jugendlichen (keine nur „abstrakte" Politik, sondern persönlich nachvollziehbare Forderungen wie z. B. Ausbildungsplätze für alle, Verbesserungen bei der Qualität der Ausbildung etc.).

– Grundsätzlichere Forderungen, wie z. B. die nach Umverteilung des gesellschaftlichen Reichtums von oben nach unten, werden durch konkrete Beispiele (z. B. die Finanzierung von persönlich benötigen Aus- und Weiterbildungsmaßnahmen etc.) nachvollziehbar.

– Eine weitgehende Mitbestimmung bei der Gestaltung der Aktionen im Vorfeld des Aktionstages oder auf dem Aktionstag selbst. Das führt zu einer hohen Aktionsorientierung, deren Durchführung den bei Jugendlichen konstatierten Wert der Professionalität anspricht, die die Möglichkeit zu einer begrenzten Mitwirkung bietet und die persönliche Verbundenheit der Aktiven deutlich steigert.

– Eigene Vorschläge zur positiven Gestaltung der Zukunft und die Möglichkeit, vorwärtsgewandte Utopien zu entwickeln. Die Mottos für die Aktionsfestivals setzen nicht auf negative Kritik, sondern appellieren offensiv an die Jugendlichen, sich selbstbewusst für die Gestaltung ihrer Arbeits- und Lebenswelt einzusetzen („Deine Einstellung zählt", „Wer, wenn nicht wir!", „Her mit dem schönen Leben!")

– In Abgrenzung zu eher auf den inhaltsleeren Spaß ausgerichteten Massenveranstaltungen steht die phantasievolle Auseinandersetzung mit den politischen Inhalten bei allen Vorfeld-Aktionen und natürlich auf dem Aktionstag selbst im Vordergrund. Dies beinhaltet Sound-Systems, Tanzdemos etc., beschränkt sich aber nicht darauf. Für den Aktionstag 2002 haben Jugendliche das Motto „Freibeuter entern Köln – jetzt verteilen wir um!" entwickelt, um als Freibeuter verkleidet die Forderung nach Umverteilung des gesellschaftlichen Reichtums zu unterstreichen.

– Insbesondere bei der Kampagne „Her mit dem schönen Leben!" eine verschmitzte, aber auch kämpferische Optik. Ein breiter Einsatz von inzwischen weit über 100 Karikaturen mit dem Kugelmännchen als Symbol für „Her mit dem schönen Leben" führt zu einer breiten Streuung und damit massenhaften visuellen Verbreitung der Idee. Selbst gemalte und gebastelte Symbole ergänzen die zur Verfügung gestellten Grafiken.

Beispielhafter Verlauf einer Kampagne mit abschließendem Aktionsfestival 10.2.1.2

Beispielhaft soll dieses integrierte Gesamtkonzept am Zeitplan der Kampagne „Her mit dem schönen Leben II" veranschaulicht werden.

In einem mehr als einem Jahr dauernden Vorlauf wurden 2001 die Eckpunkte für die Kampagne „Her mit dem schönen Leben II" entwickelt. Dazu fanden regelmäßig Diskussionen über mögliche Schwerpunkte auf bezirklicher Ebene sowie im Bundesjugendausschuss statt.

Inhaltlicher Höhepunkt war der bundesweite „Jugendzukunftskongress" der IG Metall-Jugend im Oktober 2001 in Halle, auf dem 250 jugendliche Teilnehmer/-innen in neun Arbeitsgruppen ihre inhaltlichen Schwerpunkte debattierten und festlegten. Daraus wiederum wurden Ende Januar 2002 neun Kernforderungen an Politik, Wirtschaft und Gesellschaft für den Bundestagswahlkampf 2002 entwickelt.

Rückbezug auf die Kampagnen-Idee bei vielen Aktionen der Jugendlichen Nach diesem ausführlichen Vorlauf hat die IG Metall-Jugend eine Rahmenkonzeption für die Kampagne „Her mit dem schönen Leben II" entwickelt, die auf allen Ebenen sowohl eigene Veranstaltungen zu den beschlossenen Schwerpunkten, als auch einen Rückbezug zur Kampagnenidee auf ohnehin stattfindende Aktivitäten ermöglicht. Nur durch diesen regelmäßigen Bezug auf die grundlegenden Forderungen bei vielfältigen Mitmach-Aktivitäten für Jugendliche sowie eine massenhafte Verbreitung der dazugehörigen Symbolik findet die Kampagne eine nachhaltige Verankerung.

Zeitraster Aktionskampagne „Her mit dem schönen Leben II"

Jan./Feb. 2002: Aktionskonferenz	Frühjahr 2002: Tarifrunden	1. Mai 2002: Parades, Mai-Demo
Mai-Juli 2002: Lokale Aktionen	September 2002: Aktionstag	Sommer 2003: „Tag der Wahrheit"

So passt die Tarifrunde im Frühjahr 2002 zur Kernforderung nach einer Umverteilung des gesellschaftlichen Reichtums von oben nach unten. Die Forderungen von Auszubildenden

und jungen Beschäftigten können bei den damit verbundenen Aktionen (z. B. Warnstreiks, Kundgebungen) optimal mit
dem Motto und der Optik von „Her mit dem schönen Leben"
verknüpft werden.

Im Frühsommer bietet sich die Möglichkeit, auf örtlicher
oder bezirklicher Ebene eigene Aktionen zu den inhaltlichen
Kernforderungen durchzuführen. Andere Aktivitäten, wie
z. B. die von der IG Metall-Jugend seit vielen Jahren veran-
stalteten Jugendcamps stehen ebenfalls unter dem Motto
„Her mit dem schönen Leben!". Inhaltliche Informationen zu
den von den Jugendlichen formulierten Schwerpunktthemen
(z. B. Workshops, Diskussionen mit Bundestagskandidaten/
-innen etc.) werden in diesem Zusammenhang angeboten.

Im September 2002 findet schließlich der bundesweite Aktionstag der IG Metall-Jugend statt. Den ganzen Tag lang weisen Jugendliche mit phantasievollen Mitmach-Aktionen auf
ihre politischen Anliegen hin. Neben konventionellen Aktivitäten wie Demonstrationszügen wurden auf vorangegangenen Aktionstagen z. B. die Großbanken in Frankfurt am Main
symbolisch mit „Umverteilungssaugern" entleert, um die frei
gewordenen Gelder für die Schaffung von Ausbildungsplätzen zu verwenden. Der Aktionstag findet in einem großen
Abschlusskonzert seinen Höhepunkt. Für viele der jeweils
zwischen 15.000 und 40.000 Jugendlichen sind derartige
Aktionstage der IG Metall-Jugend die erste politische Demonstration, an der sie sich in ihrem Leben beteiligt haben.

Aktionstage:
Für viele Jugendliche die erste
politische Demonstration ihres
Lebens

Die Aktionskampagne „Her mit dem schönen Leben" wird
im Sommer 2003 mit örtlichen Aktionen abgeschlossen werden, bei denen überprüft wird, inwieweit die von den Jugendlichen in der IG Metall aufgestellten Forderungen von den re-
gierenden Politikern/-innen in die Tat umgesetzt worden
sind.

Diese vielfältigen Aktionsformen garantieren immer auch
den von Jugendlichen zurecht eingeforderten Spaß bei ihren
hoch politischen Aktivitäten. Daneben erfüllt die IG Metall-
Jugend noch einen anderen Anspruch, der von Jugendlichen
immer wieder eingefordert wird und dessen Wertigkeit nicht

hoch genug eingeschätzt werden kann: inhaltliche Glaubwürdigkeit. Das konsequente Eintreten für die von den Jugendlichen selbst maßgeblich entwickelten Inhalte garantiert den hohen Stellenwert, den die IG Metall-Jugend im Gegensatz zu den von Jugendlichen sehr kritisch bewerteten Parteien erhält.

10.2.2 Zielgruppenspezifische Ansprache

Ein Jugend-Typus dominierte die IG Metall-Jugendarbeit

Die zweite relevante Ergänzung der konventionellen IG Metall-Jugendarbeit sind zielgruppenspezifische Anzprachekonzepte für bestimmte Ausbildungsberufe bzw. mehr und mehr auch für Studierende, die innerhalb der IG Metall-Jugend vor allem seit 1999 mit Hochdruck entwickelt werden. Unausgesprochen, aber nichtsdestotrotz dominierend stand in der gesamten IG Metall-Jugendarbeit der gewerbliche Auszubildende in der Ausbildungswerkstatt eines Großbetriebs mit relativ hoher tarifvertraglicher Regelungsdichte und einflussreichen Gremien (Betriebsrat, Jugend- und Auszubildendenvertretung) im Mittelpunkt.

Beispiele für zielgruppenspezifische Anzprachekonzepte der IG Metall-Jugend:

Handwerk:
1998:
jährlich durchgeführtes Wochenseminar zur Gestaltung von Berufsschulklassen im Handwerk
1999:
Flyer und Broschüre für Jugendliche bzw. Betriebsräte sowie Jugend- und Auszubildendenvertreter aus Handwerksbetrieben
2001:
Arbeitsheft „Schule machen" zur Gestaltung von Berufsschulunterricht

Diese Dominanz drückt sich auch in den meisten Ansprachekonzepten für die Mitgliederwerbung aus. Diese zielt in erster Linie auf die verbesserten tariflichen Regelungsstandards gegenüber gesetzlichen Vorgaben bei den wichtigsten Ausbildungs- und Arbeitsbedingungen (vor allem: kürzere Arbeitszeit, längerer Urlaub, ausreichende Vergütung, die überhaupt nicht gesetzlich geregelt ist). Sie wird durch die überwältigende Zahl der Hauptamtlichen und ehrenamtlich Aktiven, die genau diesem Milieu entstammen, zudem habituell[17] vermittelt.

IT-Auszubildende:
2000:
Broschüre „Gut ausgebildet für Deine Zukunft" für Schüler
Broschüre „Gut ausgebildet für Deine Zukunft – ein Navigator für Auszubildende in IT-Berufen"
2001:
Foliensatz zur Prüfungsvorbereitung von IT-Auszubildenden

Schüler-/innen an allgemeinbildenden Schulen:
„Gewerkschaften – was tun die für Jugend, Ausbildung, Beruf", Unterrichtshilfe für Lehrerinnen und Lehrer

17 Der „Habitus" ist dem Soziologen Pierre Bourdieu zufolge definiert „als ein System von Dispositionen, die im Alltagsleben als Denk-, Wahrnehmungs-, und Beurteilungsschemata fungieren und deren Prinzipien sozialer Klassifikation als Klassenethos zum Ausdruck kommt".

Folgender Dialog auf einem IG Metall-Seminar, der inzwischen glücklicherweise die Ausnahme bildet, soll verdeutlichen, was damit gemeint ist:

Ein Teilnehmer zu einer anderen Teilnehmerin: „Was arbeitest Du eigentlich?"
Teilnehmerin: „Ich arbeite bei uns im Betrieb in der Einkaufsabteilung."
Teilnehmer: „Ich habe gefragt, was Du arbeitest, nicht wo Du rumsitzt und Kaffee trinkst!"

Nun hat in den letzten Jahren der Arbeitsplatzabbau in der Metallwirtschaft vor allem diejenigen Großbetriebe und darin die Beschäftigungsbereiche betroffen, in denen die IG Metall traditionell sehr stark war. Höchste Zeit also, auch für bislang nur unzureichend berücksichtigte Gruppen geeignete Ansprachekonzepte zu entwickeln. Dabei entsteht einerseits das Problem der rein sachlichen Vermittlung. Bei einem Auszubildenden in einem Sanitärhandwerksbetrieb sind die tariflichen Bedingungen wesentlich schlechter als in Betrieben der Metall- und Elektroindustrie, gleiches gilt für die Durchsetzungsbedingungen bestehender gesetzlicher Vorschriften, da häufig kein Betriebsrat, geschweige denn eine Jugend- und Auszubildendenvertretung existiert. Allerdings kann dieses Problem bei der Vermittlung dadurch gelöst werden, dass bei Jugendlichen im Handwerk für die Einrichtung solcher Gremien, die Verbesserung tariflicher Standards und die Durchsetzung gesetzlicher Regelungen geworben wird. Damit werden IG Metall-Vertreter/-innen bei entsprechend glaubwürdigem Auftreten akzeptiert.

Wesentlich größere Probleme ergeben sich bei bereits beschriebenen zusätzlichen habituellen Schranken, die inzwischen nicht nur gegenüber den kaufmännischen Auszubildenden, sondern auch bei der rasant wachsenden Zahl von Auszubildenden in den neuen IT-Berufen auftreten. Viele Ehrenamtliche, die für die IG Metall werben, aber auch immer mehr hauptamtliche Funktionäre geben zu, für Jugendliche aus diesen Ausbildungsberufen keine geeigneten Ansprachekonzepte zu finden. Hier kann z. B. die Unkenntnis über englische Fachbegriffe, die von den Jugendlichen sehr subtil abgeprüft werden, bei einem Werbegespräch mit den Auszubildenden fatale Auswirkungen haben.

10.2.2.1 Beispiel: Ansprache von IT-Auszubildenden

Die Ausbildung in den vier neuen Berufen der Informationstechnologie hat seit ihrer Einführung 1997 einen Blitzstart hingelegt. Seit ihrer Einführung werden inzwischen 62.000 Azubis [18] darin ausgebildet. Die neuen IT-Ausbildungsberufe haben zu zwei Dritteln zwischen 1994 und 1997 abgebaute Eletronikausbildungsberufe im industriellen Bereich ersetzt, zu einem Drittel sind neue Ausbildungsverhältnisse in so genannten „Start up"-Unternehmen entstanden.

Bei der Entwicklung der Ausbildungsordnungen für diese Berufe haben die IG Metall und die Deutsche Postgewerkschaft eine maßgebliche Rolle gespielt. Wesentliche Inhalte, insbesondere die zum Vorteil der Auszubildenden in das Berufsbild mit aufgenommenen Schlüsselqualifikationen wie Präsentationstechniken, Kommunikationsfähigkeit und Teamarbeit sowie die Möglichkeit, die Abschlussprüfung in Form einer betrieblichen Projektarbeit durchzuführen, waren den Vorschlägen der Gewerkschaftsvertreter in den zuständigen Gremien zu verdanken.

Allerdings fehlte bei Einführung der neuen Berufe ein geeignetes Ansprachekonzept, in dem diese Neuerungen als Errungenschaften der Gewerkschaften überhaupt benannt wurden. Im Gegenteil: Ein Großteil der Jugendlichen weiß aufgrund der in der Held-Studie konstatierten Unkenntnis über die Rolle von Gewerkschaften in der Bundesrepublik überhaupt nicht, dass diese zur Hälfte an der Entwicklung neuer Berufsbilder beteiligt sind. Sowohl die Bundesbildungsministerin Edelgard Bulmahn als auch die Industrie- und Handelskammern haben keine Probleme, sich mit den Erfolgen der IT-Berufe zu schmücken. Bulmahn wurde zuständige Ministerin, über ein Jahr nachdem die neuen Berufe eingeführt wurden, die Kammern sind für die Durchfüh-

18 Stand: Januar 2002

rung, nicht für die Entwicklung von Berufsbildern zuständig. Aber wenn die eigentlichen Schöpfer aus den Gewerkschaften nach dem Motto „Tue Gutes und rede nicht darüber" schweigen, schöpfen eben andere den Rahm ab.

Neben diesem Informationsdefizit kam als weiteres Hindernis noch hinzu, dass es sich bei den IT-Auszubildenden häufig um ältere Azubis handelt, die mindestens über Realschulabschluss oder Abitur verfügen, nicht selten sogar Studienabbrecher im Informatik-Bereich sind. Der Ausbildungsleiter des größten Frankfurter IT-Ausbildungsbetriebes, Tenovis, gab auf einer bundesweiten Fachtagung der IT-Arbeitgebervereinigung Bitkom und der IG Metall das Durchschnittsalter seiner Auszubildenden im 1. Ausbildungsjahr mit 21 Jahren an. Entsprechend deprimierend fielen die ersten Werberunden mit IT-Auszubildenden aus. Von vielen Verwaltungsstellen kam die Rückmeldung, dass sich die Mitgliederwerbung sehr schwierig gestalte. Insbesondere die in anderen Mitgliederwerbegesprächen als Hauptargument herangezogenen tariflichen Errungenschaften würden selbst von IT-Auszubildenden in Großbetrieben müde belächelt. Für die IT-Azubis in den kleinen „Start up"-Betrieben der New Economy seien sie ohnehin irrelevant.

In mehreren Gesprächsrunden mit Auszubildenden in den neuen IT-Berufen sowie einer IG Metall-internen Untersuchung des polis-Institutes ergaben sich interessante Ergebnisse. Bei grundsätzlichen politischen Fragen, z. B. zur Bedeutung und Notwendigkeit von Gewerkschaften, gab es wesentlich weniger Unterschiede zu anderen Jugendlichen, als man vielleicht hätte erwarten können. Allerdings waren die IT-Azubis weniger an tariflichen Regelungsstandards interessiert, als vielmehr an der Qualität ihrer beruflichen Ausbildung, die ihnen eine – trotz des großen großen Katzenjammers in der New Economy – positive Zukunft in Aussicht stellte. Die IG Metall-Jugend hat deshalb ein Ansprachekonzept für Schülerinnen und Schüler, die sich für einen IT-Ausbildungsplatz interessieren, sowie für IT-Auszubildende entwickelt, in denen Informationen über den Ausbildungsgang und praktische Tipps im Vordergrund stehen und nicht die „klassischen" tariflichen Errungenschaften.

In diesem „Navigator für IT-Auszubildende", der auch zur Ansprache bei der Mitgliederwerbung verwendet werden kann, steht die für eine gute Ausbildung inklusive einer erfolgreichen Abschlussprüfung notwendige Einhaltung des Ausbildungsrahmenplans („Navigationssystem") im Mittelpunkt. Hier verfügen haupt- und ehrenamtliche Funktionäre aus ihrer Arbeit mit anderen Auszubildenden über die notwendigen gesetzlichen Kenntnisse aus dem Berufsbildungsgesetz bzw. den Prüfungsordnungen. So können sie für Auszubildende eine echte Schutzfunktion wahrnehmen und sie – in einem Feld, das sie aufgrund ihrer beruflichen Orientierung interessiert – zur aktiven Mitwirkung, z. B. in einer Jugend- und Auszubildendenvertretung motivieren.

Ergänzt wurde die Broschüre im Jahr 2001 durch einen Foliensatz, mit dessen Hilfe die IT-Azubis grundlegende Informationen über die anstehenden Prüfungen erhalten. Dabei werden ihnen auch die Kriterien für die Bewertung der Dokumentation, Präsentation und eines abschließenden Fachgesprächs über ihre betriebliche Projektarbeit erläutert, die immerhin 25 Prozent der Abschlussnote ausmacht. Eine besondere Variante besteht darin, in einer zweiten Informationsveranstaltung die Auszubildenden bei der Vorstellung einer bereits abgeschlossenen IT-Prüfung selbst in die Rolle des Prüfers schlüpfen zu lassen. Durch diesen Rollenwechsel werden die Azubis anhand der vorliegenden Kriterien durch eigenes Erleben für diejenigen Punkte sensibilisiert, auf die es bei der abschließenden Prüfung ankommt. Abgeschlossen wird die Folienpräsentation durch politische Forderungen der IG Metall für die schriftliche Abschlussprüfung, bei der es in der Vergangenheit wegen einer unsinnigerweise zentralisierten Formulierung der Prüfungsfragen und Bewertungskriterien immer wieder zu Irritationen kam.

Derzeit arbeitet die IG Metall gemeinsam mit Arbeitgebervertretern an der Entwicklung von insgesamt 29 Weiterbildungsprofilen für IT-Beschäftigte, für die eine erfolgreich absolvierte IT-Ausbildung die Grundlage bieten kann. Hier sind spezielle Abschlüsse vorgesehen, die ohne den zweiten Bildungsweg einen dem „Bachelor" vergleichbaren Hochschulabschluss ermöglichen. Sind diese Fortbildungsgänge einmal unter Dach und Fach, hätte die IG Metall für viele Beschäftigte aus dem IT-Sektor einen weiteren durchgreifenden Erfolg errungen. So entsteht eine erfolgreiche Wechselwirkung aus im Interesse spezifischer Beschäftigtengruppen entwickelter Errungenschaften und Erfolg versprechender Mitgliederwerbekonzepte. Nur eines sollte die IG Metall diesmal anders machen: Laut über ihren Anteil an den erzielten Verbesserungen für die IT-Beschäftigten reden!

Bezirkliche Mitgliederwerbekonzepte am Beispiel ZAP   10.2.3

Auch auf der Organisationsebene Bezirk werden zunehmend eigene Mitgliederwerbekonzepte erarbeitet und umgesetzt. Eine enge Zusammenarbeit entsteht dort vor allem bei tarifpolitischen Fragen, für deren Durchsetzung (durch Abschluß eines Tarifvertrages) die jeweiligen Bezirke zuständig sind. In den bezirklichen Jugendausschüssen sind im Gegensatz zum Bundesjugendausschuss Haupt- und Ehrenamtliche aus allen Verwaltungsstellen vertreten. Daraus ist über die Jahrzehnte eine enge operative Zusammenarbeit mit einer eigenen „Bezirkskultur" entstanden. Insbesondere dort, wo die IG Metall-Bezirke mit den Bundesländern identisch sind (Baden-Württemberg, Bayern und NRW) kann daneben auf regionale Besonderheiten aufgesetzt werden, denn die in der Ländergesetzgebung verankerte Bildungspolitik weist spezifische Ausprägungen auf (z. B. den hohen Anteil an Berufsakademien in Baden-Württemberg).

All diese Momente sind neben der in diesem Aufsatz an anderer Stelle ausgeführten Einstellungen von Jugendlichen im Mitgliederentwicklungskonzept ZAP („Zukunft – Ausbildung – Perspektive") der IG Metall-Jugend Baden-Württemberg berücksichtigt.

Grundlage von ZAP ist ein ganzheitlicher, integrierter und differenzierter Ansatz: „Integriert" meint in diesem Zusammenhang, dass die Aktivitäten im Jugendbereich auch dahingehend durchdacht wurden, wie sich für noch nicht organisierte Jugendliche Zugänge zur IG Metall herstellen lassen. Das gilt beispielsweise für eine Tarifrunde genauso wie für die Durchführung eines Aktionstags: Wir haben immer auch werbliche Gesichtspunkte mitzudenken. Gleichzeitig verweist ein integriertes Konzept geradezu auf die inhaltlichen Bezugs- und Ankerpunkte der Mitgliederwerbung. Ein integriertes Konzept ist weder Mitgliederwerbung „pur", noch unterstellt es einen kausalen Zusammenhang, etwa nach dem Motto: „Wenn wir nur gute inhaltliche Arbeit machen (z. B. bzgl. der Tarifabschlüsse), dann funktioniert das mit der Mitgliederwerbung schon fast von alleine."

Verschränkung von Mitgliederwerbung und politischen Aktivitäten

Im BJA Baden-Württemberg hat man sich der Mitgliederwerbung bewusst und systematisch angenommen. Man diskutiert und verständigt sich auf ein jährliches Konzept der Mitgliederentwicklung im Jugendbereich (Neue99, ZAP, ZAP2). Dabei wird (1) bewusst eine Verschränkung zu den sonst laufenden Aktivitäten hergestellt und (2) spezielles Werbematerial produziert. Dazu gehört u. a. eine CD-ROM. Inhalte der CD sind z. B. ein Werbetrailer „Zap dich ein – mach mit in der IG Metall-Jugend Baden-Württemberg", der Themen (warum IG Metall?) anreißt und die IG Metall-Jugend als etwas Besonderes vorstellt. Dieser Trailer ist nicht nur ein witziges und zeitgemäßes Intro für die CD, er ist auch die sympathische Selbstdarstellung zu Beginn eines Wochenendseminars oder der „Opener" beim ersten Auftritt der IG Metall vor den Neuen im Betrieb. Auf der CD finden sich weiterhin nützliche Arbeitsmaterialien, eine Darstellung der Leistungen der IG Metall und spezielle Materialien für einzelne Zielgruppen (z. B. Ausbildung in IT-Berufen, Studierende). Mit der CD-ROM ist die Grundlage für eine sympathische, zeitgemäße und professionelle Vorstellung der IG Metall und damit eine wichtige Voraussetzung für eine kompetente Mitgliederwerbung gegeben.

Erwähnt werden soll an dieser Stelle auch die Mini-CD, die eine Mischung aus werblichem und informellem Auftritt mit Fun-Elementen beinhaltet. Die CDs wurden zielgruppenspezifisch und aktionsbezogen eingesetzt (als Handout für die Jugendlichen) und kamen hervorragend an. Dieses Werbemittel, das sich von Attraktivität, Nutzen und Wertigkeit von bisherigen Materialien absetzt, stellt die IG Metall als moderne Organisation mit Regionalbezug (Wir im wilden Süden) dar.

Wenden wir uns dem zweiten Aspekt der Jugendwerbung zu, der Ganzheitlichkeit:

„Ganzheitlich" meint, dass Mitgliederwerbung im Jugendbereich nicht allein einer rationalen Logik folgt. Bereits mit Neue99 wurde diskutiert, dass es neben den vielen guten Argumenten, die es für eine Gewerkschaftsmitgliedschaft gibt, auch darum gehen muss, das „Lebensgefühl" IG Metall-Jugend zu vermitteln. Die Emotionalität wird angesprochen durch die vielfältigsten Aktionen, Camps etwa, aber auch durch die Veranstaltung und Beteiligung an Events: Zur Imagesteigerung wurden z. B. in den Jahren 2000 und 2001 insgesamt acht Events (z. B. Fahrt zur Love Parade etc.) angeboten, bei denen IG Metall-Mitglieder einen deutlichen Nachlass erhielten. Dieses Angebot stieß auf großen Anklang. Als Ergebnis einer Auswertung bleibt festzustellen, dass diese Maßnahmen die herkömmliche Mitgliederentwicklung der Gewerkschaften nicht ersetzen, aber sinnvoll ergänzen können.

Das „Lebensgefühl" IG Metall-Jugend vermitteln

siehe unter Kapitel 2.1.1 ff. Stichwort Lebensgefühl, Seite 24

Die Jugendlichen legten auch großen Wert darauf, dass sich das Lebensgefühl in der Außendarstellung – sei es mit dem Kampagnenlogo ZAP oder bei der Gestaltung der Präsentation zur Vorstellung der IG Metall-Jugend – authentischer abbildet (vgl. z. B. die CD-ROM Neue 2000 oder die Mini-CD „Wir im Süden" oder den Aktionskoffer mit notwendigen und witzigen Bestandteilen für die Mitgliederwerbung).

„Differenziert" muss ein Mitgliederwerbekonzept deshalb sein, weil es die *Jugendlichen* nicht gibt. Jugend ist vielfach ausdifferenziert und aufgespalten.

Vgl. die Ergebnisse der IG-Metall-Jugendstudie

Die Differenzierung drückt sich zum einen aus in einer stärker adressatenspezifischen Ansprache, z. B. für BA-Studierende, Angestellte, Auszubildende im Handwerk. So wurden für diese Gruppen jeweils eigenes Material und eigene Konzepte entwickelt.

Zum anderen wird ein differenzierter Ansatz durch ein systematisches Herangehen unterstützt. Die Vorteile dieses Verfahrens liegen im örtlichen Bezug, in der Berücksichtigung der jeweiligen Rahmenbedingungen und den konkreten Umsetzungsmaßnahmen.

Zur Veranschaulichung für die Entwicklung eines differenzierten Konzepts nachfolgend das Beispiel „Studierende an Berufsakademien":

10.2.3.1 Berufsakademien und Gewerkschaften – Zwei Welten treffen aufeinander?

Vorgeschichte

Als Anfang der 70er Jahre die Berufsakademie entstand, stieß dies zunächst auf heftigen Widerstand der Gewerkschaften.

Die Berufsakademien wollen zusammen mit den Unternehmen Studierende ausbilden, die in den Bereichen Diplom-Ingenieur (BA), Diplom-Betriebswirt (BA) und Diplom-Sozialpädagoge (BA) ihren Abschluss erhalten.

Der Vorteil für Abiturienten liegt u. a. in der Kooperation mit dem Unternehmen, das heißt, es wird ein Vertrag zwischen Studierenden und Berufsakademie und zwischen den Studierenden und dem jeweiligen Betrieb geschlossen. Der Theorieanteil wird an der Berufsakademie vermittelt und die Praxisphase findet im Betrieb statt.

siehe nächste Seite unter „Das Projekt"

Der Widerstand der Gewerkschaften richtete sich gegen einige zum Teil bis heute noch nicht geklärte Fragen

Berufsakademien: Gestaltung der Lerninhalte häufig ungeklärt

Einer der strittigsten Punkte ist die inhaltliche Gestaltung der Lerninhalte. Im Gegensatz zu der traditionellen dualen Berufsausbildung werden die Ausbildungsinhalte nicht im Konsens zwischen den Sozialpartnern festgelegt, sondern zwischen den Akademien und den Betrieben. Damit werden die Interessen der Arbeitnehmer, also der BA-Studenten, nicht ausreichend berücksichtigt.

Ein weiteres Problem für die Absolventen der Berufsakademien, ist die länderübergreifende Anerkennung des Abschlusses, die bereits 1995 von der Kultusministerkonferenz (KMK) beschlossen wurde.

Entwicklungen

Mittlerweile existiert die Berufsakademie in vier Bundesländern, neben Baden-Württemberg sind dies Berlin, Sachsen und Thüringen. Andere Bundesländer zeigen Interesse. Die Entwicklung in den Betrieben ist rasant, da die kaufmännische Ausbildung zugunsten der an einer Berufsakademie reduziert oder ganz eingestellt wird.

Derzeit lernen bundesweit etwa 23.000 BA-Studenten/-innen aus ca. 10.000 Betrieben an den Berufsakademien; allein in Baden Württemberg sind es ca. 17.000 BA-Studenten/-innen aus ca. 7.000 Betrieben.

Die steigenden Ausbildungszahlen im BA-Bereich machen sich jedoch nicht in steigenden Mitgliederzahlen für die IG Metall bemerkbar.

Es gilt, gerade die Gründe dafür zu erforschen und Maßnahmen zu ergreifen, die den „Gebrauchswert IG Metall" auch für BA-Studenten erkennbar werden lässt.

Das Projekt

Bei einem Seminar der IG Metall-Jugend Mannheim und Heidelberg wurden in Zusammenarbeit mit der Bezirksleitung Baden-Württemberg erste Ideen und Konzepte zur Mitgliederentwicklung im BA-Bereich entwickelt.

Als Projektziele wurden definiert: Die Gewinnung der BA-Studierenden für die IG Metall und die Entwicklung eines zielgruppenspezifischen Angebots für BA-Studierende. Von besonderer Bedeutung sind dabei die Tarifregelungen und die Tarifbindung für die Studierenden der Berufsakademie.

Um diese Ziele zu erreichen, wurden erste Infos gesammelt und weitere Schritte beschrieben.

Vorurteile zwischen Berufs-
akademie-Studierenden und der
IG Metall abbauen

Feststellbar war, dass auf beiden Seiten, Vorurteile vorhanden waren, Betriebsräte, Jugend- und Auszubildendenvertreter auf der einen und BA-Studierende auf der anderen Seite.

Sprüche wie z. B.:„Das ist doch nicht unsere Klientel, denn das sind doch die Führungskräfte von morgen." Oder: „Die machen doch nichts für mich, denn es gelten ja auch keine Tarifverträge."

Oftmals war bei den Interessenvertretern feststellbar, dass nur wenig Information über die Berufsakademie vorhanden war. Es gab kaum Kontakte zwischen BA-Studierenden und Betriebsräten, Jugend- und Auszubildendenvertretern sowie zur IG Metall.

Es existieren keine eindeutigen und rechtsverbindlichen Tarifvereinbarungen, die z. B. die Höhe der Vergütungen, Arbeitsmaterialien, Studiengebühren oder die Übernahme nach dem Studium an einen qualifizierten Arbeitsplatz regeln.

Es gibt allerdings auch keine Forderung der BA-Studierenden, zumindest sind uns diese bisher noch nicht bekannt.

Aufgrund dieser Zusammenfassung der vorhandenen Infos und Erfahrungen, wurden die nächsten Schritte definiert, um das Projektziel zu erreichen.

Diese sind:

Abbau von Vorurteilen und Vermitteln notwendiger Infos
bei den Interessenvertretungen

Ein Tagesseminar für Betriebsräte und Jugend- und Auszubildendenvertreter mit dem Inhalt: Rechte und Pflichten der Interessenvertreter im Bezug auf die Studierenden der Berufsakademien sowie rechtlicher und tariflicher Status der BA-Studierenden und Lerninhalte.

*Kontakte zur IG Metall herstellen und Übersicht über Probleme
und evtl. Forderungen der BA-Studenten kennen lernen*

Eine Umfrage bei BA-Studenten soll durchgeführt werden.

Infos für BA-Studenten über die IG Metall

Durch die Broschüre „WARMUP" soll den BA-Studenten die Interessenvertreterarbeit und die Arbeit der IG Metall vorgestellt werden. Ergänzt wird dies durch eine kleine CD-ROM „Wir im Süden" und weitere Informationen auf der Homepage der IG Metall. Informationsveranstaltungen an den Berufsakademien durchführen und ins Gespräch kommen.

*BA-Studierende für die IG Metall gewinnen und
die Tarifbindung forcieren*

Tagesseminare für Gewerkschaftsfunktionäre anbieten, um die richtige Argumentation zu einem Beitritt von BA-Studenten in die IG Metall zu geben. Nur durch die Mitgliedschaft und durch die aktive Mitarbeit ist eine Tarifregelung für BA-Studenten realisierbar.

Erste Erfahrungen

Bei der Umsetzung der zuvor genannten Schritte gab es einige Probleme, die nicht als Rückschritt, sondern als für das Projekt wichtige Erfahrungen zu betrachten sind.

1. Die Zeitvorgabe war oftmals ein kleines Hindernis, so z. B. die Fragebogenaktion, die aufgrund der langen Abwesenheitszeit der BA-Studenten in der Studienphase (drei Monate, oft gefolgt von einem betrieblichen Einsatz in einer Projektgruppe) länger gedauert hat, als geplant war. Damit verzögerte sich auch die wichtige Auswertung.

2. BA-Studenten für die aktive Mitarbeit zu gewinnen war aufgrund ihrer Zeitsituation schwierig. Die Beteiligung der BA-Studenten an den Diskussionsprozessen ließ deshalb auch zu wünschen übrig.

Die Lehren, die aus diesen ersten Erfahrungen gezogen werden müssen, sind u. a.:

– Ein ständiger Austausch der Erfahrungen ist notwendig. Der Prozess muss ständig optimiert werden.
– Ohne die Beteiligung des betroffenen Personenkreises ist ein Erfolg des Projektes nicht realisierbar.

Trotz vieler Anfangsschwierigkeiten sind die Fortschritte nicht zu übersehen. So ist es bereits in vielen Betrieben gelungen, BAler für die Mitgliedschaft in der IG Metall zu gewinnen.

10.2.3.2 Zusammenfassende Bewertung von ZAP

ZAP-Projekt in Baden-Württemberg: Erfolg bei der Mitgliederwerbung von Jugendlichen

Insgesamt konnte die IG Metall-Jugend Baden-Württemberg ihre Neuaufnahmezahlen in den Jahren 1998 bis 2001 erheblich steigern.

Prozess- und beteiligungsorientiert wurden OJAs an der Entwicklung des Konzepts beteiligt. Damit waren die Kampagnen nichts Aufgesetztes, sondern eine Sache der Jugendlichen selbst. Durch die Entwicklung und Rückkoppelung der Projekte in den OJAs und der Diskussion im BJA wurde zudem die Zielgruppenorientierung positiv unterstützt (wer weiß schließlich besser, was bei Jugendlichen ankommt, als die Jugendlichen selbst). Das bezirklich koordinierte Vorgehen brachte zudem Synergieeffekte und beförderte einen konstruktiven Erfahrungsaustausch; die Verbindlichkeiten waren entsprechend hoch und Mitgliederwerbung wurde nicht als lästige Pflicht oder Beiwerk angesehen, sondern als Kernbereich, der mit Spaß bearbeitet werden kann.

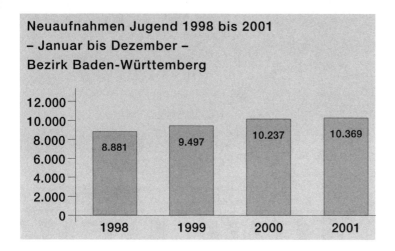

Neuaufnahmen Jugend 1998 bis 2001
– Januar bis Dezember –
Bezirk Baden-Württemberg

Jahr	Neuaufnahmen
1998	8.881
1999	9.497
2000	10.237
2001	10.369

Abschließend lässt sich aus den genannten Erfahrungen festhalten: Die Ebene des Bezirkes ist für die Mitgliederwerbung von Jugendlichen die richtige Ebene, um ergänzend zu bundesweit entwickelten Aktionskampagnen ein koordiniertes und abgestimmtes Vorgehen zu initiieren. Die operative Arbeit erfolgt selbstverständlich vor Ort, die Einbettung in ein übergreifendes Konzept bringt Synergieeffekte, zudem verfügt ein bezirkliches Projekt über eine bessere, weil übergreifende, finanzielle Grundausstattung für notwendige Werbemittel (z. B. CD-ROMs). Der Vorstand der IG Metall ist gut beraten, derartige bezirkliche Konzepte zur Mitgliederentwicklung von Jugendlichen wesentlich stärker als bisher zu unterstützen.

Der Bezirk als geeignete Ebene für Mitgliederwerbung von Jugendlichen

Die Hochschulen als strategischer Faktor   11.1
der Gewerkschaften

Welche Meinung hätte man wohl von einem Gewerkschaftssekretär, in dessen Betreuungsbereich ein Ausbildungsbetrieb mit ca. 15.000 Auszubildenden existiert, von denen
niemand Mitglied der Gewerkschaft wäre, geschweige denn
jemals etwas von einer Arbeitnehmervertretung gehört hätte?

Vermutlich eine schlechte.

In vielen Städten gibt es solche „Ausbildungsbetriebe", nämlich die Universitäten, Fachhochschulen und Berufsakademien.

bzgl. der Studierenden an Berufsakademien vgl. Kapitel
10.2.3.1, Universität als „Ausbildungsbetrieb", Seite 160

Der rasante technologische Wandel in der heutigen Arbeitswelt zieht eine Reihe von Veränderungen nach sich.

Eine Folge davon ist ein qualifikationsbedingt verändertes
Rekrutierungsverhalten der Unternehmen, das sich verstärkt
auf den wissenschaftlich ausgebildeten Fachkräftenachwuchs
bezieht. Der universitäre „Betrieb" wird deshalb auch für In-
dustriegewerkschaften wie die IG Metall ein bedeutendes
und strategisch wichtiges Handlungsfeld. Von den Gefahren,
die sich aus einer „Akademisierung" der Ausbildung ergeben, einmal abgesehen, ist der schnelle Bedarf an gut und
spezialisiert ausgebildeten Fachkräften eine Tatsache, die
die Universitäten und Hochschulen für die Unternehmen immer wichtiger werden lässt. Außerdem ist der Strukturwan-
del der Arbeitswelt ein weiterer Grund für die zunehmende
Bedeutung von Hochschulen. Nicht zuletzt wird besonders

Verändertes Rekrutierungsverhalten dem Unternehmen
durch vermehrten Bedarf an
„Hochqualifizierten"

in Unternehmen der Informationstechnologie der Bedarf an hoch qualifizierten Fachkräften durch die Hochschulen gedeckt.

Kurzum: Der Begriff *Ausbildung*, der für Gewerkschaften betrieblich fokussiert ist, muss um die nichtbetriebliche Ausbildung an Universitäten, Fachhochschulen und Berufsakademien erweitert werden. Für die Jugendarbeit bedeutet dies, dass nicht nur die „Azubis", sondern auch Studierende mit ihren spezifischen Themen und Kontexten, Interessen und Lebensplanungen in den Blick kommen.

Fest steht: Der Anteil der Beschäftigten mit akademischer Ausbildung wird in den Betrieben zunehmen.

Eine Herausforderung für Gewerkschaften.

11.2 Die IG Metall steht vor einer großen Herausforderung – Ansätze gewerkschaftlicher Hochschularbeit am Beispiel der IG Metall Karlsruhe

Zunehmend klagen Betriebsräte und Vertrauensleute über Schwierigkeiten Akademiker/-innen für Gewerkschaften zu interessieren. Die Notwendigkeit einer kollektiven Interessensvertretung wäre dieser Beschäftigtengruppe schwer zu vermitteln. Machen die Arbeitsbedingungen von Arbeitnehmer/-innen mit einem Hochschulabschluss tatsächlich eine kollektive gewerkschaftliche Interessenvertretung überflüssig?

Interessensvertretung für Akademiker ebenso wichtig wie für andere Arbeitnehmer/-innen

Der Regelungsbedarf in Sachen Arbeitszeit, Leistung und Entgelt wird durch die Entstehung einer neuen Branche wie z. B. die IT-Branche nicht verschwinden. Sicher wird durch Betriebe ohne tarifliche Regelungen, durch gewinnabhängige Bezahlung oder Mitarbeiterbeteiligungsmodelle wie beispielsweise Aktienoptionen der Interessensgegensatz zwischen Arbeitnehmer und Arbeitgeber innerhalb dieser Betrieb undeutlicher wahrnehmbar. Jedoch ist die Notwendigkeit einer kollektiven Interessensvertretung dadurch nicht weniger aktuell. Erfolgsabhängige Entlohnungsmodelle werden nach dem Zusammenbruch des „Neuen Marktes" sehr kritisch betrachtet. Und es besteht das Interesse an einem Regelwerk bei Weiterbildung und Arbeitszeit. Das belegen Betriebsratsgründungen in der IT-Branche in Karlsruhe und in anderen Städten. Die gesellschaftspolitische Einflussnahme und Handlungsfähigkeit der IG Metall in der Region, sei es in den Verwaltungsgremien der Sozialbehörden oder in Gremien zur Förderung der Wirtschaftsentwicklung, ist nur dann erfolgsversprechend, wenn eine breite und repräsentative Mitgliederstruktur hinter der Organisation steht.

Ausgehend von der Diskussion um die längerfristige Mitgliederentwicklung wurde die IG Metall Karlsruhe aktiv. Die Gründung einer IG Metall-Hochschulgruppe wurde beschlossen. Folgende Ziele sind damit verbunden:

Die Ziele der IG Metall-Hochschulgruppe   11.2.1

Der Abbau von Vorurteilen gegenüber Gewerkschaften

Oft werden Gewerkschaften in der öffentlichen Berichterstattung in ein bestimmtes politisches Lager eingeordnet. Dieses passt häufig nicht zu dem Lebensgefühl („Du kannst Karriere machen.") der zukünftigen Ingenieure. Begriffe wie ›gemeinsam‹ und ›Solidarität‹ werden oft nur in Form von Seilschaften, Lerngruppen oder Studentenverbindungen erlebt. Die ständige Auslese- und Konkurrenzsituation befördert eher ein „Ellenbogendenken". Nicht selten tragen Professoren an Universitäten und Fachhochschulen mit der Stilisierung eines „Samurei"-Selbstverständnisses („Verdammt harter Job, den halten nur die Stärksten aus.") dazu bei, dass sich das Konkurrenzdenken verstärkt. Wenn die IG Metall als Organisation von „Schwachen" wahrgenommen wird, die alleine nicht in der Lage wären, ihre Arbeitsbedingungen auszuhandeln, kann sich ein aufstrebender Jungingenieur kaum mit der IG Metall identifizieren.

Das Image der Gewerkschaften passt nicht zum Lebensgefühl zukünftiger Ingenieure

Erkenntnis vermitteln, dass die IG Metall für alle Arbeitnehmer eine nützliche, hilfreiche und notwendige Organisation ist

Ein positiver Bezug zur IG Metall ist stark vom Image und von der Wahrnehmung dieser Organisation abhängig. Diese kann sich verändern, wenn der persönliche Nutzen einer Mitgliedschaft in einer Gewerkschaft sichtbar wird. Das allein ist aber nicht ausreichend. Identifikation mit einer bestimmten Gruppe ist nicht selten emotional bedingt. Wenn kompetente und gut informierte Gewerkschafter/-innen, die sich mit der Lebens- und Lernsituation von Studierenden auseinandergesetzt haben, in der Uni auftreten und entsprechende Informationen anbieten, können Vorurteile abgebaut werden. Moderne Gewerkschaftssekretäre sind alles andere als Typen in Karohemden mit Lederweste, die rumflennen, weil irgend ein Fizzelkram geändert werden soll. So werden zumeist Gewerkschafter von Studierenden gesehen. Ein locker auftretender Gewerkschafter kann sich leicht einen Bonus verschaffen.

Selbst wenn Studierende nicht sofort der Gewerkschaft beitreten, wird die Ansprache in den Betrieben durch Betriebsräte oder Vertrauensleute erleichtert. In den Betrieben wird dann der persönliche Nutzen durch die Gewerkschaft noch deutlicher.

11.3   Mögliche Themen für Studierende

Gewerkschaftssekretäre sollten es nicht scheuen, ungewöhnliche Wege der „Zielgruppenanalyse" zu gehen. Wer sich ein Bild über die heutigen Studierenden machen will, der muss mit ihnen in Kontakt treten.

Weit besser geeignet als Studentenkneipen oder Uni-Feste sind so genannte Berufseinsteigermessen. Dort bieten sich gute Möglichkeiten mit Studierenden über das Arbeitsleben ins Gespräch zu kommen. Hier offenbaren sich Meinungen, Denkweisen aber auch Bedürfnisse und Ängste. Im Blickpunkt stehen besonders die Abgangssemester, da das Berufsleben welches bis dato nur in Form von Ferienjobs, Teilzeittätigkeit oder aus der Theorie bekannt ist, näherrückt.

Ebenso können aber auch Studienanfängerveranstaltungen genutzt werden, um die IG Metall als „Anwalt für die Ausbildung" im weitesten Sinne zu präsentieren. Veranstaltungsreihen und Seminare für Studierende bieten möglicherweise inhaltliche Anknüpfungspunkte und offenbaren die Interessen der Studierenden. Die Themen reichen von Arbeits-, Unternehmens- und Mitbestimmungsrecht über volkswirtschaftliche Fragestellungen bis hin zu Fragen der Personalentwicklung. Die Kontaktaufnahme kann hierbei über die Dozenten erfolgen und da, wo es sie gibt, über gewerkschaftiche Kooperationsstellen.

Weitere Themen

Was steht mir zu?

Studierende sind meist schlecht informiert über Bezahlungssysteme und „marktübliche" Gehälter. Der Zusammenhang zwischen Arbeitszeit, Leistung und Bezahlung wird so nicht erkannt. Oft werden Arbeitsverträge unterschrieben, die keine Arbeitszeit regeln. Die Bestandfestigkeit von betrieblichen Sonderzahlungen oder dergleichen ist unsicher. Manch ein Personalchef führt so geschickte Einstellungsgespräche, dass die Frage der Bezahlung gar nicht mehr gestellt wird. So genannte außertarifliche Arbeitsverträge gaukeln den Bewerber/-innen eine „besondere Stellung" im Unternehmen vor. Nachgerechnet und mit tariflicher Bezahlung verglichen macht das schon mal ein Minus von bis zu 15.000 € im Jahr aus. Ein Arbeitsvertrag mit seinen zahlreichen Regelungen legt die Arbeitsbedingungen, die Schutzbestimmungen (z. B. Kündigungsfristen) und das Materielle für die gesamte Dauer des Arbeitsverhältnisses fest. Man bindet sich hiermit vertraglich unter Umständen sehr lange an ein Unternehmen. Diese Entscheidung hat somit entscheidenden Einfluss auf die Entwicklung jedes Einzelnen, auch in Bezug auf die gesellschaftliche Stellung.

Arbeitsbedingungen müssen einen Rahmen haben.

Beratung dahingehend, dass sich Studierende hier nicht über den Tisch ziehen lassen, kann eine wichtige Funktion von Gewerkschaften sein.

Schutz und Hilfe von Spezialisten

Rechtliche Beratung und rechtlichen Schutz

Arbeitsverträge werden von den Rechtsspezialisten der Gewerkschaft eingehend geprüft. Es werden Hilfestellungen und Beispiele für eine Vertragsgestaltung gegeben. Falls es gerade bei jungen Ingenieuren/-innen Probleme in der Anfangsphase gibt oder gar Kündigungen ausgesprochen werden, bietet der Rechtsschutz der Gewerkschaft Hilfe.

Arbeitszeugnisse oder vereinbarte Wettbewerbsklauseln, die das berufliche Fortkommen behindern können, werden rechtlich geklärt. Aber auch wer als so genannter „Freelancer" (Freiberufler) tätig sein will, ist heute bei weitem nicht so frei, wie das Wort suggeriert. Unter ihnen tummeln sich viele Scheinselbstständige, die auf rechtliche Beratung und Rechtsvertretung angewiesen sind, wenn es um die Vertragsgestaltung geht.

Lernen, die Verhandlungsposition zu verbessern

Auf die ungewohnte Situation „das Einstellungsgespräch" vorbereitet sein

Psychologische Tricks und Fangfragen in Einstellungsgesprächen sind unter Umständen Hindernisse, wenn man völlig unvorbereitet ist. In Seminaren werden Einstellungsgespräche durchgespielt, es werden mögliche unangenehme Fragen behandelt. Es ist wichtig auch von sich selbst aus die wesentlichen Punkte zu kennen und anzusprechen. Der Tarifvertrag gibt Auskunft über „marktübliche" Gehälter. Studierende müssen wissen, wann sie sich unter Preis verkaufen. Die Verhandlungsposition wird allein schon durch die daraus resultierende Sicherheit verbessert. Die Erfolge der Seminare der IG Metall-Hochschulgruppen zeigen sich in den Arbeitsbedingungen, welche die Teilnehmenden „ausgehandelt" haben. Gerade hier wurde für viele deutlich, dass gerade bei nichttarifgebundenen Betrieben der Verhandlungsspielraum in Sachen Arbeitszeit und Bezahlung sehr groß ist.

Unsicherheit nehmen, indem man erzählt, wie es wirklich ist

Auf Berufseinsteigermessen zeigen potentielle Betriebe natürlich nur die Sonnenseite des Unternehmen. Als Außenstehender kann man sich kein Bild über die tatsächlichen Arbeitsbedingungen und über das Betriebsklima machen. Auch Ferienjobbern bleibt das Wesen des Betriebes oftmals verschlossen. Dies ist ein Faktor, dessen Studierende sich bewusst sind. Die Unsicherheit darüber erzeugt aber auch Ängste, weil man während des Studium eigentlich nicht weiß, was das Berufsleben für Tücken, Fallstricke und Gefahren bereithält.

Die erfahrenen Praktiker in der Gewerkschaft wissen, was wirklich in den Betrieben vor sich geht. Betriebsräte und langjährige Ingenieure berichten in den Seminaren über ihre Erfahrungen.

Was geht in den Betrieben wirklich vor?

Unsicherheit nehmen, in dem man Strukturen im Betrieb durchschaubar macht

Das System „Betrieb" mit seinen einzelnen Akteuren ist Außenstehenden nahezu unbekannt. Studierende sind schlecht informiert über Gremien wie Betriebsrat, Vertrauensleute usw. Was ist ein Sicherheitsbeauftragter oder eine Einigungsstelle? Was ist eine Betriebsvereinbarung und ein Tarifvertrag? Bei diesen Punkten wird klar, das es unterschiedliche Interessenslagen in einem Unternehmen gibt. Wichtig für angehende Ingenieure ist es zu wissen, welche Interessen sie haben. Gute Bezahlung, Aufstiegsmöglichkeiten, Arbeitsbedingungen, welche die Leistungsentfaltung nicht behindern, Zugang zu Informationen … alles Punkte, die während des Studiums fast nie zur Sprache kommen.

Die Akteure im Betriebsalltag zu kennen, ist für die Durchsetzung der Interessen wichtig

Wie man sieht, gibt es für Gewerkschaften genügend Themen, um mit Studierenden in Kontakt zu kommen. Die Frage ist nun, auf welche Art und Weise dies geschieht.

Studierende an der Uni

Vorlesungen und Seminare mit Themen des Arbeitslebens

Die klassische Vorlesung an der Uni ist die erfolgversprechendste Methode, um möglichst viele zu erreichen. Die gewohnte Umgebung, wie Universitätsgebäude und Hörsaal, ist auch vorteilhaft. Einer Einladung ins Gewerkschaftshaus werden wenig Studierende folgen, da die Berührungsängste und Vorurteile gegenüber den Gewerkschaften dies erschweren.[19]

Kontakte zu Lehrkräften, Gremien der Uni und der Hans-Böckler-Stiftung nutzen

Als vorteilhaft erweisen sich hierbei Kontakte zu Dozenten und Professoren, die gegenüber Gewerkschaften aufgeschlossen sind. Das ist nicht immer leicht. Deshalb muss verstärkt der Kontakt zu den Gremien der Universität und der Fachhochschule gesucht werden. Namentlich sind das die Fachschaftsräte und die ASTAs. Auch Stipendiaten der Hans-Böckler-Stiftung, die in der Regel die ehrenamtliche Gewerkschaftsarbeit kennen, können leicht Kontakt mit interessierten Studierenden aufnehmen, bzw. den Kontakt zu Professoren herstellen und entsprechende Angebote machen. Vorab sollte man die Vertrauensdozenten der Hans-Böckler-Stiftung erfragen.

Das Studentenwerk kann den Gewerkschaften gegenüber aufgeschlossen sein und Informationen weiterleiten. Hier erhalten Gewerkschafter auch Infos über die soziale Situation von Studierenden (z. B. BAföG). Anzeigen in Hochschulblättern und Flugblattaktionen vor der Mensa sind für Studierende übliche Verbreitungswege, mit denen man auf Veran-

---

19 Seit Jahren führt die TU Berlin in Kooperation mit der IG Metall das Seminar „Soziologie des Ingenieurberufs" durch, welches sich gut etabliert hat. Die Vorlesung findet an wechselnden Orten statt. Einmal an der Hochschule, das andere Mal im Gewerkschaftshaus. Studierende erhalten für das Seminar einen Schein.

staltungen aufmerksam machen kann. Das Internet sollte ebenfalls genutzt werden. Eine eigene Homepage für Studierende mit zahlreichen Informationen und Links und E-Mail-Beratung ist wichtig. Berufseinsteiger- und Unternehmensmessen (z. B. Bonding-Messen) sind für einen Info-Stand erfolgversprechender als Uni-Sommerfeste oder dergleichen. Bei Messen steht das Berufsleben im Interesse der Besucher, bei Festen das Vergnügen. Hier wird zum Glück doch noch eine Trennung gemacht. Seminare zu oben angesprochenen Themen am Abend oder an einem Samstagnachmittag sind auch vorstellbar. Die IG Metall-Hochschulgruppe Karlsruhe führte auch ein erfolgreiches Seminar über drei Tage in einem Landhaus in den Vogesen durch. Hier spielte vor allem der Freizeitaspekt eine Rolle.

Studierende in den Betrieben

Studierende, die während der Semesterferien oder bei Teilzeittätigkeiten in gewerkschaftlich organisierten Betrieben arbeiten, können durch Betriebsräte und Vertrauensleute auf Angebote der Gewerkschaft aufmerksam gemacht werden. So genannte Werkstudenten sind nicht selten über Jahre regelmäßig im selben Betrieb beschäftigt. Selten jedoch werden sie von Gewerkschaftern angesprochen. Auch Praktikanten in den Betrieben gehören der gleichen Zielgruppe an. Gute Anknüpfungspunke stellen hierbei der Praktikumsvertrag und die nicht selten schlechten Praktikumsbedingungen dar. Hier gibt es auch einen direkten Handlungsauftrag für die betriebliche Interessensvertretung.

Vertrauensleute und Betriebsräte sollen Studierende ansprechen

Portrait der Hochschulgruppe der IG Metall Karlsruhe   11.5

Natürlich müssen die eben beschriebenen Aktionsbeispiele geplant, vorbereitet und durchgeführt werden. Das kann ein/eine Gewerkschaftssekretär/-in nicht alleine tun. Die Hochschulgruppe Karlsruhe besteht aus Studierenden der Bereiche Maschinenbau und Elektrotechnik, die bereits seit einigen Jahren entweder gewerkschaftlich oder in Jugendorganisationen von Parteien aktiv waren. Dies ermöglicht eine

Studierende bestimmen was gemacht wird

effektive Arbeitsweise. In dieser Hochschulgruppe werden gesellschaftspolitische Themen angesprochen. Zum Beispiel: Bildungspolitik oder die Ausstattung der Hochschulen usw.

Ziel ist natürlich auch, mit Studierenden in Kontakt zu kommen, welche die organisatorischen Voraussetzungen die von der IG Metall angeboten werden, nutzen wollen, um bildungspolitische Themen öffentlich zu thematisieren. Die Hochschulgruppe Karlsruhe strebt aber bewusst keine Mitarbeit im Parlament der Uni an. Die Themen der Gruppe sind übergreifend und gehen – ganz gleich, welcher politischen Richtung man anhängt – auf Bedürfnisse und Fragen aller Studierenden ein. Hier zeigt sich der pragmatische Ansatz, der sich an den gleichen Interessen einer bestimmten gesellschaftlichen Gruppe, welche in sich nicht homogen ist, ausrichtet. Die Bezeichnung „Hochschulgruppe" erinnert an die studentischen Aktivitäten der 68er-Bewegung, bei denen auch die Gewerkschaften an den Universitäten sehr aktiv waren. Das Betätigungsfeld der Hochschulgruppe der IG Metall Karlsruhe ist aber mit der damaligen Thematik nicht vergleichbar.

gewerkschaftlich aktive Ingenieure berichten über ihre Erfahrungen

Im Kern stellt die Haupttätigkeit der Hochschulgruppe Bildungsarbeit dar. Als Referenten fungieren der zuständige Gewerkschaftssekretär und die aktiven Studierenden. Dieses Team bereitet zusammen die Inhalte des Seminars auf. Zusätzlich bereichern gewerkschaftlich aktive Ingenieure, die zum Teil Betriebsräte oder Vertrauensleute sind, die Runde. Die Schilderungen von Menschen, die den universitären Betrieb aus der eigenen Studienzeit kennen, aber selbst auch genügend Erfahrung im Berufsleben gesammelt haben, sind für die Teilnehmenden eine besonders aufschlussreiche Informationsquelle.

Positive Feedbacks

Auch wenn sich die Neuaufnahmen bei Studierenden derzeit noch in Grenzen halten – die Ziele, Vorurteile abzubauen und die Gewerkschaft als eine nützliche Organisation bekannt zu machen, wurden bei allen Teilnehmenden der Seminare erreicht. Das zeigen die Befragungen, die nach den Seminaren durchgeführt werden und die positiven Feedbacks die man von Berufseinsteigern bekommt.

Der geschilderte Ansatz für gewerkschaftliche Arbeit an Hochschulen zeigt Möglichkeiten auf, wie sich dieses Feld entwickeln kann. Gleichzeitig wird deutlich, dass der Zeitaufwand für einen hauptamtlich bei der Gewerkschaft Beschäftigten in keinem Verhältnis zum ökonomisch Vertretbaren steht. Die Präsenz an Hochschulen ist in ihrer politischen Bedeutung für Gewerkschaften jedoch unbestreitbar. Deshalb wird das Engagement und der Einsatz von ehrenamtlichen Gewerkschaftern unerlässlich sein, um einen nachhaltigen Kontakt zu Studierenden herzustellen bzw. eine gewerkschaftlich aktive Gruppe von Studierenden aufzubauen. Wo sie existieren, ist es deshalb wichtig, gewerkschaftliche Kooperationsstellen und Hochschulinformationsbüros (HIBs) einzubinden. Denn: Am wirkungsvollsten ist das Engagement der Studierenden selbst. Unerwähnt blieb bisher die Möglichkeit einer aktiven gewerkschaftlichen Hochschulgruppe, die sich analog zu der Interessensvertretung im Betrieb um die Belange der Studierenden an den Hochschulen kümmert. Die Beratungsarbeit am Beispiel der IG Metall Karlsruhe bezieht sich mit ihren Inhalten überwiegend auf die Zeit nach dem Studium. Der soziale Raum der Studierenden ist aber nun mal die Hochschule selbst und die konkrete Lebenssituation – das viel zitierte „Studentenleben" mit all seinen Vorzügen und Schwierigkeiten. Die Qualität der Hochschulausbildung ebenso wie die Qualität des eigenen Lebensumfeldes kann am effektivsten durch die Betroffenen selbst in die politische Debatte eingebracht werden. So muss sich also jede Gewerkschaft selbstkritisch die Frage stellen, ob sie die Voraussetzung für gewerkschaftspolitisches Engagement für die Zielgruppe ›Studierende‹ bietet. Bei der IG-Metall-Jugendstudie wurden zwar jugendliche Arbeitnehmer/-innen befragt, trotzdem können Konsequenzen auch in Bezug auf die Hochschularbeit abgeleitet werden, da es ja, und das ist eine Folge der Studie, um die Voraussetzungen für eine differenzierte Jugendarbeit geht.

Die *Teilnehmerorientierung* spielt hierbei eine große Rolle. Folglich müssen sich Gewerkschaften mit der Lebens- und

Eine politisch aktive Interessensvertretung für Studierende ist das Ziel – Voraussetzungen zum Mitmachen schaffen den Weg dafür

Die Lebens- und Lernsituation der Studierenden kennenlernen

Lernsituation der Studierenden auseinandersetzen und den ›Ort‹ bestimmen, an dem die Studierenden abgeholt werden sollen. Auf die konkreten Ausbildungsbedingungen an den Hochschulen ist hier der Fokus zu richten. Ebenso auf die persönliche Lebenssituation.

Die Voraussetzungen für Engagement sind als nächstes zu schaffen. Die Frage lautet:

Können sich die Studierenden mit ihren Themen und Interessen aktiv einbringen und finden sie diese in der gewerkschaftlichen Jugendarbeit wieder?

Diese Frage wird heute vermutlich selten mit „Ja" beantwortet werden. Nur wenn Studierende autonom und ohne Richtungsvorgaben die vorhandenen oder zu schaffenden Strukturen nutzen können, ist eine Identifikation mit den gewerkschaftlichen Zielen möglich, weil klar wird, dass hier eigene Ziele vertreten werden. Durch Praktizieren einer Erfolg versprechenden (weil professionellen) Wahrnehmung der eigenen Interessen wird deutlich, wofür Gewerkschaften stehen.

Ein grauer Wintertag im Januar. Die Delegiertenversammlung[20] der örtlichen IG Metall plätschert lustlos dahin. Auf den Rechenschaftsbericht des Bevollmächtigten erfolgt keine einzige Wortmeldung. Die Beschlussfähigkeit wird erst nach dem zweiten Durchzählen festgestellt: 51,2 Prozent. Was besonders auffällig ist: In diesem Gremium fehlt die Altersgruppe der 25-35-Jährigen völlig. Drei Gastdelegierte des Jugendausschusses, mit Rede-, aber ohne Stimmrecht, das war's. Bei den Nächstjüngeren sind graue Strähnen oder schüttere Stellen in der stolz zur Schau getragenen Langhaar-Frisur bereits deutlich sichtbar. Allen, denen die Zukunft dieser Verwaltungsstelle am Herzen liegt, ist klar: hier muss etwas passieren!

Diese Szene ist typisch für immer mehr IG Metall-Verwaltungsstellen in der Bundesrepublik. Dies betrifft vor allem Regionen, in denen aufgrund des wirtschaftlichen Strukturwandels massiver Beschäftigungsabbau erfolgt, der überproportional stark auf Kosten der jüngeren Beschäftigten geht.[21] Aber ein Teil der Probleme ist auch hausgemacht. Die Nachwuchsarbeit der IG Metall ignoriert maßgebliche gesellschaftliche Entwicklungen der letzten 25 Jahre. Deshalb verpuffen viele mühevoll erarbeitete Erfolge örtlicher Jugendarbeit.

20 Ich folge der seit dem Gewerkschaftstag 1999 geltenden Gremienbezeichnung. Delegiertenversammlung (früher Vertreterversammlung) = örtliches Beschlussorgan, das im Abstand von vier Jahren gewählt wird. Ortsvorstand (früher Ortsverwaltung) = örtliches Leitungsgremium
21 Diese These wird durch Daten belegt: So sank die Zahl aller sozialversicherungspflichtig Beschäftigten in der Metallwirtschaft zwischen 1995 und 1998 in den alten Bundesländern um zwei Prozent, die der unter 25-Jährigen im gleichen Zeitraum um 18 Prozent! Für die neuen Bundesländer liegen keine entsprechenden Daten vor, neuere Ergebnisse können wegen umfangreicher Umstellungen bei der Datenerfassung nicht mehr auf den Organisationsbereich der IG Metall übertragen werden.

Viel zu viele 25 - 35-Jährige finden nach ihrer aktiven Phase gewerkschaftlicher Jugendarbeit (häufig verbunden mit einer betrieblichen Funktion als Jugend- und Auszubildenden-Vertreter/-in) keinen Anschluss und ziehen sich aus der IG Metall zurück. Die Folge ist eine drastische Überalterung der verantwortlichen Gremien. Um es so deutlich zu sagen: Steuert die IG Metall hier nicht offensiv dagegen, wird die auf ehrenamtliches Engagement angewiesene Gewerkschaftsbewegung mittelfristig erheblich geschwächt.

Die Verwaltungsstelle Nürnberg erlebte diese Krise Mitte der 90er Jahre. Mit dem im Januar 1998 begonnenen Projekt U 33 versuchte sie sich diesem Abwärtstrend entgegenzustellen. Nach vier Jahren kann nun eine weitgehend positive Bilanz gezogen werden.

U33 meint „Unter 33 Jahre"

U 33 – warum eine solche Gruppe? 12.1

Während Jugendliche in der IG Metall eine Fülle an altersspezifischen (Mitmach)-Angeboten vorfinden, wird von den 25 - 35-Jährigen erwartet, dass sie sich aus eigenem Antrieb in der Organisation engagieren. Das mag noch bis Anfang der 80er Jahre flächendeckend so funktioniert haben. Vor allem folgende Gründe sprechen für die Notwendigkeit, heutzutage auch um die Mitwirkung der 25 - 35-Jährigen aktiv zu werben:

– Selbst in ländlichen Regionen, aber insbesondere in Großstädten befindet sich die IG Metall in direkter Konkurrenz zu einer Fülle an kommerziellen Freizeitangeboten, die in ungleich höherer Zahl als in vergangenen Jahrzehnten angeboten werden.

– Diese Angebote richten sich als Folge von im Zuge der „Individualisierung" veränderten Biographien und Wertorientierungen keineswegs nur an Jugendliche. Gerade für junge Erwachsene werden heute passgenaue Angebote präsentiert, die die verschiedensten Formen der „Selbstverwirklichung" versprechen.

- Die in der Held-Studie konstatierte Neigung, den Arbeitsplatz in jungen Jahren häufiger zu wechseln, erfordert von den jungen Erwachsenen einen hohen Zeitanteil für zumeist individuell organisierte persönliche Weiterbildung.

- Ein maßgebliches Ergebnis der Held-Studie ist der an ehrenamtliches Engagement gestellte Anspruch, persönlich davon zu profitieren. Dies kann durchaus in Form von immateriellem Zugewinn erfolgen. Die aktive Mitwirkung in der IG Metall wird von vielen älteren Kollegen/-innen dagegen mit dem wenig erfolgversprechenden Appell an vermeintlich notwendige Pflichterfüllung begründet.

Viele junge Erwachsene wenden sich von der IG Metall ab

- In den Gremien der IG Metall sind sowohl innerorganisatorisch als auch betrieblich die meisten Spitzenfunktionen langfristig belegt. Die Schlüsselfunktionen werden heute von der Post-68er-Generation besetzt, die im Zuge eines reformorientierten Generationenprojektes den „Marsch durch die Institutionen" erfolgreich abgeschlossen hat. Nur ein geringer Teil der jungen Erwachsenen nimmt diese „Ochsentour" heute auf sich, die meisten wenden sich ab.

- Verstärkt wird dieser Effekt häufig durch eine drastische Verringerung jüngerer Beschäftigter, vor allem in den Großbetrieben der Metall- und Elektroindustrie. Junge Metallerinnen und Metaller treffen kaum Altersgleiche, sondern fast überall erheblich ältere Kolleginnen und Kollegen.

Angesichts dieser Ausgangsvoraussetzungen ist es unverständlich, warum die IG Metall bei den über 25-Jährigen auf ihren stärksten Rückhalt verzichtet: eine aktive Gruppe von Altersgleichen, die in einer immer komplexeren Welt mit enormen Herausforderungen gerade an junge Erwachsene neben der rein gewerkschaftsbezogenen Arbeit auch den darüber hinaus gehenden persönlichen inhaltlichen Austausch ermöglicht und zusätzlich eine emotionale Stütze bietet.

Die IG Metall als „Familie", wie in der Held-Studie als Anspruch ermittelt, das ist keinesfalls nur für Jugendliche attraktiv. Dieser Logik folgte das Projekt U 33, das sich an

25 - 33-Jährige Aktive nach deren Ausscheiden aus der örtlichen Jugendarbeit wendet.

U 33 – die Startphase 12.2

Im Januar 1998 wird das Nürnberger U 33-Projekt gestartet. Die Werbung für die Teilnahme an den Sitzungen ist sehr aufwendig und erfordert in der Startphase einen erheblichen Einsatz von hauptamtlicher Seite. Fixpunkt für die ersten Aktivitäten ist ein Wochenendseminar im April 1998, auf dem von der dort zusammengekommenen Gruppe selbst die inhaltliche Schwerpunktsetzung und die weiteren Schritte für ihr Projekt festgelegt werden sollen.

Dafür werden alle Delegierten der zurückliegenden sechs örtlichen Jugendkonferenzen nach ihren damaligen Adressen angeschrieben. Die hohe Rücklaufquote (häufige Umzüge bei jungen Kolleginnen und Kollegen) wird bewusst in Kauf genommen, um einen möglichst großen Verteiler zu erreichen. Daneben wird das Projekt in allen wichtigen örtlichen Gremien (Ortsvorstand, Delegiertenversammlung, Betriebsrätetreffen, und Vertrauensleute-Ausschuss) vorgestellt und innergewerkschaftlich beworben.

Die Resonanz ist trotz intensiver Maßnahmen zu Beginn enttäuschend: Ganze sechs Kolleginnen und Kollegen nehmen an besagtem Wochenendseminar teil. Dennoch entschließt sich die Gruppe, an dem Projekt weiterzuarbeiten. Nachdem sich die schriftlichen Einladungen als Fehlschlag erwiesen haben, führt beharrliche persönliche Ansprache schließlich zum Erfolg. Die Gruppe wächst bis September 1998 auf einen erweiterten Adressatenkreis von ca. 30 Personen an, von denen zwischen 12 und 15 regelmäßig an den Sitzungen teilnehmen.

Die persönliche Ansprache führte zum Erfolg

Die Ziele 12.3

Nachdem dieser Einstieg gelungen ist, werden folgende Schwerpunkte für die weitere Arbeit festgelegt:

1. Die Gruppe U 33 will innerhalb der Verwaltungsstelle ein deutliches Signal setzen, um die notwendige Verjüngung der IG Metall auf allen Ebenen umzusetzen. Mit offensiver inner- und außergewerkschaftlicher Öffentlichkeitsarbeit will die U 33 möglichst viele Kolleginnen und Kollegen zwischen 25 und 35 zur aktiven Mitarbeit bei der IG Metall motivieren.

2. Die Gruppe setzt sich dafür ein, bei den in den nächsten Jahren anstehenden Wahlen innerhalb der IG Metall sowie auf betrieblicher Ebene (Organisationswahlen 1999, Vertrauensleutewahlen 2000 und Betriebsratswahlen 2002) eine deutliche Verjüngung der Gremien zu erreichen und ist bereit, in diesem Zusammenhang selbst Funktionen zu übernehmen.

3. Die Gruppe versteht sich zwar als eigenständig, arbeitet aber eng mit den anderen gewerkschaftlichen Gremien (Ortsvorstand, Personengruppen, Vertrauensleute-Ausschuss etc.) zusammen. Eine aktive Mitwirkung wird neben der Delegiertenversammlung vor allem im Vertrauensleuteausschuss angestrebt.

Feste Privattermine und Wechselschichten wurden berücksichtigt

4. Die Gruppe selbst trifft sich im Abstand von ca. vier Wochen zu regelmäßigen Sitzungen im Gewerkschaftshaus. Um niemanden wegen fester Abendtermine (privat oder auch berufliche Fortbildung) auszuschließen, werden die Wochentage gewechselt. Ebenso wird der Wochenrhythmus (gerade/ungerade Kalenderwoche) nicht einheitlich gehalten, um Kollegen/-innen mit Wechselschicht zu berücksichtigen.

5. Im Mittelpunkt der Sitzungen stehen Diskussionen zu aktuellen (betriebs-)politischen Themen wie z. B. verschiedene Arbeitszeitmodelle, die Ausrichtung der (damals neuen) rot-grünen Bundesregierung, tarifpolitische Forderungen etc.

6. Ergänzt werden diese Sitzungen durch spezielle Veranstaltungen sowie durch ein jährlich stattfindendes Wochenseminar zu theoretischeren politischen Themen wie

„Globalisierung" oder „Wesen der Arbeit", das in Kooperation mit Fritz Schmalzbauer (kbv München) durchgeführt wird. Ebenso soll auf dem größten Stadtteilfest in Nürnberg („Südstadtfest") jährlich ein Stand von der U 33-Gruppe organisiert werden.

7. Neben rein inhaltlichen Veranstaltungen sollen auch im Freizeitbereich gemeinsame Unternehmungen durchgeführt werden. Sie sollen so organisiert sein, dass sie auch für Lebenspartner/-innen und Kinder attraktiv sind.

8. Die Gruppe U 33 ist offen für alle Kolleginnen und Kollegen mit IG Metall-Hintergrund, selbst wenn sie jetzt nicht im Betrieb arbeiten oder im Einzelfall aufgrund einer anderen beruflichen Orientierung nicht mehr der IG Metall angehören (so arbeitet der Mitte der 90er Jahre aktive OJA-Vorsitzende heute als Feuerwehrmann). Einzige Einschränkung: Mindestens 50 Prozent der U 33 müssen im Betrieb aktiv sein, um z. B. einen rein akademischen „Debattierclub" zu vermeiden.

9. Die Gruppe U 33 ist nicht nur offen, sondern offensiv auf beständige Erneuerung ausgerichtet. Gerade Kolleginnen und Kollegen, die an Schwelle von der OJA-Arbeit zur „Erwachsenen"-Arbeit stehen, sollen gezielt angesprochen werden und mitwirken können. Die U 33-Gruppe ist auf keine spezifische Projektphase beschränkt, sondern fungiert als Dauereinrichtung

Die Gruppe U 33 war auf beständige Erneuerungen ausgerichtet

10. Die U 33 wünscht hauptamtliche Unterstützung und Teilnahme eines/einer verantwortlichen Sekretärs/-in bei allen geplanten Aktivitäten. Die Gruppe bestimmt Themenschwerpunkte sowie die konkrete Planung einzelner Vorhaben jedoch selbst, die hauptamtliche Unterstützung dient vor allem der organisatorischen Absicherung (Budgetierung und Organisation von Seminaren, Beantragung von Mitteln für beschlossene Vorhaben etc.)

1. Das von der U 33 gesetzte Signal zur Verjüngung der IG Metall ist optimal wahrgenommen worden. Das Problem der Überalterung in der Verwaltungsstelle ist durch einige Kolleginnen und Kollegen durchgängig, manchmal penetrant, aber gerade deshalb besonders erfolgreich bei jeder Gelegenheit thematisiert worden. Die Gruppe ist immer geschlossen aufgetreten und hat dies oft durch witzige symbolische Aktionen untermalt (z. B. einheitlich bunte Haarfarbe auf einer verwaltungsstellenweiten Vertrauensleute-Tagung). Die gewerkschaftsexterne Öffentlichkeitsarbeit funktionierte ebenfalls, in mehreren Zeitungsartikeln wurde über das Projekt berichtet.

Herausragender Erfolg bei der Delegiertenversammlung

2. Auch bei den Wahlen zu diversen Gremien ist die Strategie der U 33 aufgegangen. Die Delegiertenversammlung der Verwaltungsstelle Nürnberg erfuhr eine deutle Verjüngung. 35 Kolleginnen und Kollegen waren zum Zeitpunkt der Wahl 1999 unter 35 Jahre alt, in der vorhergehenden Periode lag diese Zahl unter 10. Das ist ein fast revolutionärer Durchbruch und der herausragende Erfolg des Projektes U 33. Die Diskussionskultur in der örtlichen Delegiertenversammlung hat sich nach Einschätzung der örtlich Verantwortlichen erheblich verbessert.

3. Auch die Vertrauensleutewahlen 2000 waren in Hinblick auf die Verjüngung erfolgreich. Mitglieder der Gruppe U 33 wirken sowohl in der Delegiertenversammlung als auch im Vertrauensleuteausschuss mit. Zwei von ihnen sind Mitglied des Leitungsteams für den örtlichen Vertrauensleuteausschuss. Als größtes Hindernis für diese Aktivitäten in der Verwaltungsstelle erweist sich der enorme Arbeitsplatzabbau, von dem auch einige Aktivposten der U 33 persönlich betroffen sind. Die Betriebsratswahlen 2002 sind zum Zeitpunkt der Fertigstellung dieser Zusammenfassung noch nicht erfolgt.

4. Die Zusammenarbeit mit den anderen örtlichen Gremien gestaltete sich sehr unterschiedlich. Besondere Aufmerksamkeit verdient das Verhältnis zum Ortsvorstand und

zum Ortjugendausschuss (dazu unter Punkt 9). Neben einer allgemeinen Sympathie für das Projekt hat die Gruppe U 33 seit Anbeginn nicht die notwendige umfassende Unterstützung im Ortsvorstand. Einzelne Ortsvorstandsmitglieder organisieren ihre innerbetriebliche Verjüngung mithilfe der Gruppe, andere weitgehend ohne sie, auf rein betrieblicher Ebene. Für den größten Teil des Ortsvorstandes ist die Verjüngung mit Hilfe der U 33 kein Schwerpunkt. Es ist im Einzelnen nicht nachzuvollziehen, ob diese mangelnde Beachtung anderen wichtigen Anforderungen der Ortsvorstands-Mitglieder (v. a. massiven und zeitaufwendigen Abwehrkämpfen in vielen Betrieben gegen Arbeitsplatzabbau oder sogar die komplette Betriebsschließung) geschuldet ist.

5. Die Gruppe erlebte bis zum Frühjahr 1999 einen beständigen Aufbau. Durch systematische innergewerkschaftliche Werbung wuchs der Verteiler auf ca. 30 interessierte Kolleginnen und Kollegen, von denen im Schnitt 12 - 15 an den monatlich stattfindenden Sitzungen teilnahmen. Der Wechsel der Tage und des Wochenrhythmus hat sich bewährt, auch Kollegen/-innen mit festen Terminen und Wechselschichten beteiligen sich aktiv an den Sitzungen der U 33. Allerdings ist die Beteiligung nach einer Hochphase von Mitte 1999 bis Ende 2000 zurückgegangen. Begründet ist dies durch persönliche Gründe (Familie, Arbeitsplatzverlust) sowie durch ein geplantes, aber nicht erfolgtes Nachwachsen von jüngeren Kolleginnen und Kollegen (mehr dazu unter Punkt 9).

Hochphase von Mitte 1999 bis Ende 2000

6. Die inhaltliche Schwerpunktsetzung der U 33-Sitzungen hat sich von gewerkschaftsspezifischen Themen (Arbeitszeitvereinbarungen, Forderungen für die Tarifrunde etc.) zu allgemeinpolitischen Themen hin verlagert. Grund ist nach Auskunft der heute noch Aktiven, dass sie im Rahmen des U 33-Projektes und den damit verbundenen Zielen in andere Gremien hineingewachsen sind, wo genau diese Themen bereits ausführlich diskutiert werden. Die Sitzungshäufigkeit hat sich bei einem Abstand von ca. sechs bis acht Wochen eingependelt.

7. Die speziellen Veranstaltungen waren für den Erfolg der U 33 ein wichtiger Faktor. Herausragend was hier das Wochenseminar, das seit Herbst 1998 einmal jährlich durchgeführt wird. Dieses Wochenseminar war sowohl in Hinblick auf die inhaltliche Arbeit als auch auf gruppendynamische Prozesse der wesentliche Baustein. Auch die Orientierung auf einen außenwirksamen Auftritt auf dem größten Stadtteilfest in Nürnberg war sinnvoll. Die Gruppe war gezwungen, neben der theoretischen Beschäftigung mit verschiedenen Themen auf ein konkretes Projekt hin zusammenzuarbeiten.

8. Das Vorhaben, das politische Engagement in der Gruppe mit privaten Aktivitäten zu verbinden, ist in dieser Eindeutigkeit klar gescheitert. Das Verständnis untereinander ist sehr gut, es entstanden auch persönliche Freundschaften. Die jeweiligen Lebenslagen in der Gruppe waren jedoch so unterschiedlich, dass eine gemeinsame Freizeitgestaltung von den Gruppenmitgliedern als erzwungen empfunden worden wäre.

9. Die Offenheit der U 33-Gruppe hat sich als sehr zweischneidig erwiesen. Der Versuch, Kolleginnen und Kollegen, die vor drei oder vier Jahren dem Ortsjugendausschuss angehörten, inzwischen aber den Organisationsbereich der IG Metall verlassen haben (z. B. durch Berufswechsel wie bei erwähntem Feuerwehrmann), war erfolglos. Das größte Problem der U 33 war der beständige Konflikt über die Aufgabenstellung der Gruppe. Diejenigen Kolleginnen und Kollegen mit akademischen Hintergrund (v. a. zweiten Bildungsweg) bildeten gemeinsam mit politiktheoretisch sehr stark interessierten Aktiven eine derartige Dominanz in der U 33, dass sich im Lauf der Zeit all diejenigen zurückgezogen haben, die dieses Interesse nicht teilen.

10. Der Versuch, eine beständige Erneuerung durch diejenigen Kolleginnen und Kollegen zu erhalten, die am Ende ihrer Mitarbeit im Ortsjugendausschuss stehen und nun langsam an die U 33 herangeführt werden, ist fehlgeschlagen. Ein gemeinsames Seminar der U 33 mit Mitgliedern

des Ortsjugendausschusses endete im Streit. Die pragmatische und professionelle Orientierung, die der Politikwissenschaftler Josef Held in seiner Untersuchung vor allem bei unter 25-jährigen konstatierte, prallte auch hier auf das fast rein politiktheoretische Interesse einiger Aktiver in der U 33-Gruppe. Damit war der Ansatz, die U 33-Gruppe als eine Art „Durchgangsstation" zu nutzen, der beständig aus der jüngeren Generation Nachwuchs zugeführt wird, lange Zeit blockiert.

11. Die Zusammenarbeit mit hauptamtlicher Seite war weitgehend erfolgreich. Die notwendige Unterstützung in der Anfangsphase wurde zugunsten einer weitgehenden Selbstbestimmung der U 33 auch im Sinn der Gruppe zurückgefahren.

Empfehlungen für vergleichbare Projekte 12.5

Das Projekt U 33 war trotz einzelner Schwächen und z. T. unklarer Zielsetzungen insgesamt ein großer Erfolg für die IG Metall Nürnberg. Für eine dringend notwendige Verjüngung des ehrenamtlichen Funktionärskörpers konnten entscheidende Weichenstellungen vorgenommen werden. Unter folgenden Bedingungen empfiehlt sich dieses Projekt zur Nachahmung, um der bundesweit fast überall zu verzeichnenden Überalterung der ehrenamtlichen Funktionäre entgegenzuwirken:

– Das Projekt sollte von vornherein auf einen fest definierten Zeitraum begrenzt werden. Um einen nachhaltigen Erfolg zu erreichen, empfiehlt sich für eine derartig umfassende Transformation in einer Verwaltungsstelle eine Projektlaufzeit von fünf Jahren. Optimaler Beginn ist ca. ein Jahr vor den Wahlen zur örtlichen Delegiertenversammlung, um bereits dort einen nachhaltige Verjüngung zu erreichen.

Projekt auf fest definierten Zeitraum begrenzen

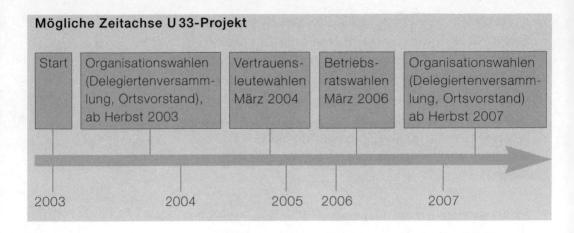

Mögliche Zeitachse U 33-Projekt

| Start | Organisationswahlen (Delegiertenversammlung, Ortsvorstand), ab Herbst 2003 | Vertrauensleutewahlen März 2004 | Betriebsratswahlen März 2006 | Organisationswahlen (Delegiertenversammlung, Ortsvorstand) ab Herbst 2007 |

2003   2004   2005   2006   2007

– Die grundsätzlichen Ziele des Projektes sollten sowohl vom Ortsvorstand als auch in der Delegiertenversammlung formal beschlossen werden, damit sie in der gesamten Verwaltungsstelle getragen werden. Die detaillierte Zielbeschreibung sollte erfolgen, wenn ein Kreis von Interessierten innerhalb des von der Verwaltungsstelle gesteckten Rahmens eigene Schwerpunkte gesetzt hat. Hier sollten auch klare Kriterien formuliert werden, die von der Gruppe einzuhalten sind (wer darf teilnehmen?, welchen Anteil müssen betrieblich aktive Kolleginnen und Kollegen haben?, wie steht es mit der Mitwirkung Externer? etc.)

Klare Planungsvorgaben erleichtern die Arbeit

– Die Eckpunkte erfolgreichen Projektmanagements sollten berücksichtigt werden. Eine jährliche Vorlage detaillierter Ziele vonseiten der Gruppe und dafür benötigter Mittel sollte im Ortsvorstand erfolgen, ebenso eine Diskussion über die Schwerpunkte und eine Überprüfung der im Vorjahr formulierten Ziele. Die jährliche Beschlussfassung verankert das Projekt nachhaltiger, legt die U 33-Gruppe auf die Einhaltung (zu einem großen Teil selbst formulierter) Ziele fest, bietet für die Gruppe aber auch die Gewähr, dass sie sich auf eine fest definierte Planung verlassen kann.

– Sinnvoll ist es, für die Jahresplanung herausragende Schwerpunkte zu vereinbaren. Als absoluter Volltreffer für die Nürnberger U 33 hat sich das zwischen 1998 und 2000 jährlich durchgeführte Wochenseminar erwiesen, auf dem sowohl inhaltlich gearbeitet, als auch gemeinsame Freizeit-Aktivitäten unternommen wurden.

– Unbedingt notwendig ist es, eine/einen hauptamtliche/ hauptamtlichen Sekretär/-in als Ansprechpartner für die Gruppe festzulegen. Am Start des Projektes ist der Aufwand für die hauptamtliche Seite sowohl in organisatorischen Fragen als auch bei der wichtigen innergewerkschaftlichen Öffentlichkeitsarbeit (engagierte „Anwälte", die die Verjüngung immer wieder thematisieren, durchaus bewusst bis zum Überdruss der Beteiligten!) enorm. Ist eine U 33-Gruppe entstanden, sollte sich der/die Hauptamtliche aus der direkten operativen Arbeit zurückziehen und eine unterstützende Rolle wahrnehmen.

– Sinnvoll ist die Einrichtung eines verantwortlichen örtlichen Projektbeirates, der zwei- bis dreimal jährlich tagt. Er kann die U 33-Gruppe hinsichtlich ihrer Schwerpunktsetzung beraten, Vereinbarungen einfordern, im Zweifelsfall auch unterstützen. So verbleibt die Verantwortung nicht vollständig bei einer Person.

Sinnvoll ist ein begleitender Projektbeirat

– Die U 33-Gruppe sollte trotz der negativen Erfahrung in diesem Punkt bei dem Nürnberger Projekt offen für diejenigen sein, die im Projektverlauf z. B. aus dem Ortsjugendausschuss hinzukommen wollen. Allerdings sollte die U 33 nicht von vornherein als notwendigerweise zu durchlaufender Transmissionsriemen zur „Erwachsenen"-Arbeit verstanden werden. Es gibt viele verschiedene Wege, das eigene Engagement in der IG Metall fortzusetzen. Die Mitarbeit in der U 33-Gruppe kann empfohlen, aber sollte nicht verordnet werden.

– *Auch das Nürnberger U 33-Projekt hatte nur unter einer Bedingung Erfolg: Langjährige Aktive müssen bereit sein, Verantwortung und damit auch Funktionen an jüngere Kolleginnen und Kollegen abzutreten. Geschieht dies nicht, wird bei der IG Metall mittelfristig – in einigen Betrieben, Verwaltungsstellen und Regionen bereits jetzt – eine Lücke bei den aktiven ehrenamtlichen Kolleginnen und Kollegen entstehen, die die gesamte Organisation unverantwortlich zu schwächen droht.*

Und wieder eine Herausforderung: Vom DGB-Landesbezirk
wird ein Anruf durchgestellt und die Gesprächspartnerin er-
zählt was von einem „girls' day" und fordert vom IG Metall-
Jugendsekretär Unterstützung ein. Schwitz', schnauf', fluch'.
„Was ist das schon wieder? Was hab ich damit zu tun? Wie
kann ich die Geschichte schaukeln?" Schnell mal im Intranet
und in den Materialkatakomben der Verwaltungsstelle nach-
geschaut und dann liegt auf dem Schreibtisch eine Broschüre von der Friedrich Ebert Stiftung. Titel: Wie Gender in den
Mainstream kommt. Und was passiert dann? Beim „girls' day"
gibt's den obligatorischen Infotisch zu Berufen im IT-Bereich
und in der Metall- und Elektroindustrie. Dazu Bewerberinfos,
Broschüren für Schulabgangsklassen, Aufkleber, Kulis und
und und. Das Heft rund um den Gender Mainstream liegt nach
wie vor auf dem Schreibtisch und bleibt ein Buch mit sieben
Siegeln. Aber zumindest weiß der Jugendsekretär, was „gender" übersetzt ungefähr heißt: Es ist nämlich ein Begriff für
die sozial und kulturell definierten Aspekte des Geschlechts.

Gender Mainstream   13.1

Also, mal wissenschaftlich ausgedrückt: „Gender Mainstream
besteht in der Reorganisation, Verbesserung, Entwicklung
und Evaluation von Entscheidungsprozessen in allen Poli-
tikbereichen und Arbeitsbereichen einer Organisation. Das
Ziel von Gender Mainstream ist es, in alle Entscheidungsprozesse die Perspektive des Geschlechterverhältnisses ein-
zubeziehen und alle Entscheidungsprozesse für die Gleich-
stellung der Geschlechter nutzbar zu machen."[22]

22 Friedrich Ebert Stiftung August 2000, „Wie Gender in den Mainstream
kommt", Dr. Barbara Stiegler.

Und was heißt das im Klartext? Gender Mainstream ist die Bezeichnung für ein Organisationskonzept, das zur Zielsetzung hat, Chancengleichheit der Geschlechter dadurch zu realisieren, dass Chancengleichheit als Querschnittsaufgabe der Organisation verstanden und umgesetzt wird. Bei der Befassung mit irgendwelchen Themen hat man sich – laut Gender Mainstream – mit den damit verbundenen und daraus resultierenden sozialen und kulturellen Geschlechterrollen auseinander zu setzen.

Oder noch deutlicher: Gender Mainstream heißt Politikgestaltung und -umsetzung mit Sicht auf Chancengleichheit für beide Geschlechter.

Die Anwendung des Gender-Ansatzes in einer Interessenvertretung könnte z. B. in folgende Richtung laufen:

1. Vorstellung des Themas
   - Die Beteiligten versuchen zu reflektieren, welche Bedeutung für sie die Frage der Geschlechterverhältnisse spielt.

2. Über den Gender-Ansatz
   - Hier wird z. B. von einem Referenten erläutert, welche Bedeutung die Geschlechterverhältnisse haben und was das Gender-Mainstream-Prinzip bedeutet.

3. Arbeitsgruppen zum Thema: Welche Bedeutung hat der Geschlechtsaspekt in meiner Arbeit?
   - Hier wird reflektiert, bei welchen Arbeitsthemen Geschlechtsaspekte bisher eine Rolle spielten, und diskutiert, wie eine thematische Integration der Geschlechterfrage machbar wird.

4. Ergebnisdarstellung und Diskussion

5. Arbeitsgruppen mit Kontrollinstrumenten zur Frage, wie Gender-Aspekte integriert werden können.
   - Konkretisierung der Bedeutung des Geschlechtsaspektes, bezogen auf die Themenschwerpunkte der Interessenvertreter, und Entwicklung einer themenübergreifenden Checkliste zur Absicherung der kontinuierlichen

Einbeziehung des Gender Mainstreams (z. B.: Was muss in Betriebsvereinbarungen an Mindestinhalten gegeben sein, um die Umsetzung des Gender Mainstream zu sichern?)

6. Verabredungen und Arbeitsaufträge
   – Konkrete Formulierung von Arbeitsaufträgen oder Projektkonzepten, verbunden mit einer gemeinsamen Zeit- und Ablaufplanung.

Und all das als Umsetzungsansatz des Artikel 3, Absatz 2 Grundgesetz: „Männer und Frauen sind gleichberechtigt. Der Staat fördert die tatsächliche Durchsetzung der Gleichberechtigung von Frauen und Männern und wirkt auf die Beseitigung bestehender Nachteile hin."

Was bedeutet das in Bezug auf Mädchenarbeit? Ärmel hochkrempeln und loslegen, und bei jeder Jugendmaßnahme abchecken und diskutieren ...

Repräsentation

– Wie viele junge Männer und junge Frauen sind jeweils von einer Maßnahme betroffen?
– Wie viele junge Männer und Frauen wirken jeweils bei der Maßnahme mit?

Ressourcen

– Wie sind die in der Maßnahme bewegten Mittel zwischen den Geschlechtern verteilt?
– Wieviel Raum und Zeit bekommen junge Männer und junge Frauen jeweils in der Maßnahme?
– In welcher Art und Weise nutzen jeweils junge Männer und junge Frauen die ihnen zugeschriebenen Ressourcen?

Realisierung

– Forschung nach Ursachen für die festgestellten Repräsentationen und die damit verbundene Ressourcenverteilung/-nutzung.
– Entwicklung von Veränderungsmöglichkeiten und Konsequenzen für zukünftiges Handeln.

Das klingt nun alles ein bisschen trocken und kompliziert. Finden wir vielleicht in der Jugendstudie eine Handlungsmotivation?

13.2 Bezugspunkte in der IG-Metall-Jugendstudie

Trotz zahlreicher Gleichberechtigungsdiskurse und Gleichstellungsbemühungen zeigen sich lt. Held/Bibouche Diskrepanzen zwischen den Lebenssituationen von jungen Frauen und jungen Männern. Diese unterschiedlichen Lebenssituationen gilt es sowohl im Rahmen der gewerkschaftlichen Jugendarbeit als auch in der Politikgestaltung mit zu berücksichtigen.

siehe unter Stichwort Segmentierung, Kapitel 2.1.2.3 f. Seite 35

Aus der IG-Metall-Jugendstudie geht hervor, dass junge Frauen in technischen Berufen und höheren Positionen kaum vertreten sind. Von den Befragten sind 20% junge Frauen, die sich auf Berufssparten konzentrieren, die als typische Frauenberufe gelten. Dabei messen die jungen Frauen ihrer Ausbildung/ihrer Arbeit einen höheren Status bei als die jungen Männer.

Dem Frauenanteil bei den Befragten entsprechend sind 20% der jungen Frauen in der Gewerkschaft. Ihre Engagementmotive zeigen sich zumeist bei dem Wunsch nach sozialen Engagement und dem Einsatz für andere Menschen. Ihre Engagementmotivation machen sie von der eigenen Betroffenheit und der Möglichkeit zum Einbringen abhängig. Im Vergleich zu den jungen Männern zeigen sie weniger individuelles Vorteilsbewusstsein.

Den Untersuchungsergebnissen und dem Gender Mainstream folgend bestehen für uns folgende Herausforderungen, um jungen Frauen ein Sprungbrett zur Erschließung neuer Handlungsräume zu geben:

1. „Aufknacken" der Differenzierung von Männer- und Frauenberufen. Zum Beispiel:
   - *in Schulen:* Gewerkschafter im Unterricht
   - *in Firmen:* in Interessenvertretungsgremien
   - a*uf dem Arbeitsmarkt:* im Verwaltungsausschuss der Arbeitsämter, im Berufsbildungsausschuss der Kammern

2. Aufgreifen des Gender Mainstream in Bezug auf „männliche Besetzung" von Ausbildungsplätzen. Zum Beispiel:
   - *in Schulen:* Gewerkschafter motivieren junge Frauen zur Bewerbung auf so genannte frauenuntypische Berufe
   - *in Firmen:* Mitbestimmung der betrieblichen Interessenvertreter bei der Besetzung von Ausbildungsplätzen
   - *in der Gesellschaft/in Firmen:* Enttabuisierung von Frauenbewerbungen auf so genannte Männerberufe (girls' day)

3. Vermittlung der Vereinbarkeit von Familie und Beruf. Zum Beispiel:
   - *in Schulen:* Gesellschaftskundeunterricht und Elternabende
   - *in Firmen:* bildungs- und arbeitsbegleitende Patenschaften zwischen Jung und Alt
   - *intern:* vorleben!! → Vorbilder

4. Bereitstellung von Austausch- und Integrationsmöglichkeiten in Bezug auf individuelle Betroffenheiten und Engagementmotive junger Frauen. Zum Beispiel:
   - *in Schulen:* „Extra"-Einladung für Schülerinnen zu gewerkschaftlichen Jugendaktionen
   - *in Firmen:* Herausforderung von jungen Frauen, z. B. im Hinblick auf JAV oder Betriebsratskanditatur oder kontinuierliche Frauensprechstunde, organisiert durch die betriebliche Interessenvertretung

5. Vermittlung und Entwicklung von geschlechterübergreifenden Handlungsräumen. Zum Beispiel:
   - *in Schulen:* beziehungsfördernde Unterrichtsgestaltung (z. B. gemischte Projektgruppen)
   - *in Firmen:* Auseinandersetzung mit dem Gender Mainstream im berufsübergreifenden Unterricht
   - ...

13.3 Ansatzpunkte zur Bearbeitung des Themas

Ehrlich gesagt, wir haben uns erstmalig intensiv mit dem Thema „Mädchenarbeit" auseinander gesetzt. Bisher lief es eher wie eingangs beschrieben: Aufforderung zur Beteiligung am girls' day, Verzweiflung aus Unwissenheit, Beteiligung mit üblichen Mitteln.

Schluss damit, hier zwei übertragbare Ansätze, um in Sachen Mädchenarbeit einen Stein ins Rollen zu bringen:

Girls' day

Das Kompetenzzentrum Frauen in Informationsgesellschaft und Technologie, das Bundesministerium für Bildung und Forschung und das Bundesministerium für Familie, Senioren, Frauen und Jugend schrieben 2001 zum ersten mal den girls' day aus.

Warum?

Ein Auszug aus dem girls' day-Faltblatt für das Jahr 2002: „Mädchen entscheiden sich überproportional häufig für einen typisch weiblichen Ausbildungsberuf (wie z. B. Bürokauffrau, Arzthelferin, Kauffrau im Einzelhandel) oder für ein frauentypisches Studienfach (z. B. Sprach- und Kulturwissenschaft oder Kunst), ohne die volle Bandbreite des Berufsspektrums zu kennen. Sie lassen damit Chancen, die sich ihnen in anderen Bereichen bieten, ungenutzt. Um die *Diversifizierung* der Berufswahl zu fördern und um Mädchen

Diversifizierung meint Abwechslung, Vielfalt

für mehr „frauenuntypische" Berufe zu gewinnen, sollten sie über die volle Breite an Berufsmöglichkeiten informiert werden."

Die Idee?

Mädchen und junge Frauen in die Firmen einladen und einen Tag in den Betriebsablauf reinschnuppern und mitarbeiten lassen.

Die Umsetzung?

Bundesministerien, die Bundesanstalt für Arbeit, die Initiative D21, die Bundesvereinigung der Arbeitgeberverbände und die Gewerkschaften machten den girls' day publik. Bundesweit wurde geworben, gewirbelt und vorbereitet, und am 26. April 2001, dem ersten girls' day, brachten Beschäftigte ihre Töchter mit in die Firmen. Auszubildende, Ausbildungspersonal und andere Beschäftigte standen den Schülerinnen mit sachkundigen Berufsalltagsinfos, spielerischen und praktischen Arbeitsbeispielen, Vorträgen und Betriebsführungen zur Verfügung.

Auch für das Jahr 2003 ist die Weiterführung des girls' day-Konzeptes angedacht. Wie wär's mit einer Beteiligung am nächsten girls' day?

Was ist seitens der IG Metall-Verwaltungsstellen/-Bezirksleitungen zu tun?

- Diskussion der girls' day-Idee in der Verwaltungsstelle (Ausschüsse, IG Metall-Sekretäre etc.)
- Veröffentlichung der girls' day-Idee in den Firmen der Verwaltungsstelle (Jugend- und Auszubildendenvertreter, Betriebsräte etc.)
- Ansprache von Firmen- und Ausbildungsleitungen (über Betriebsräte, Aufsichtsratsmitglieder der Arbeitnehmerseite, über die Berufsbildungsausschüsse der Kammern etc.)

- Herausforderung an JAVis und Betriebsräte, sich mit einem eigenen Programmpunkt am girls' day in ihrem Zuständigkeitsbereich zu beteiligen
- Ansprache der Beschäftigten, um bei Mädchen/jungen Frauen (= Töchter der Beschäftigten) Interesse am girls' day zu wecken
- Bereitstellung der „ran für Berufsstarter" für die am girls' day beteiligten Interessenvertretungen

Was könnte der girls' day den Gewerkschaften bringen?

- Steigerung der gesellschaftlichen Akzeptanz durch Beteiligung am Projekt
- Politikfeld „Gleichberechtigung der Geschlechter" salonfähig machen
- mehr Mädchen/junge Frauen in Firmen der technischen/ gewerblichen Bereiche
- mehr Frauen in den Firmen und damit mehr Interessenten an sozialer Gerechtigkeit in der Betriebspolitik (vergl. Engagementmotivation junger Frauen, IG Metall-Jugendstudie Held/Bibouche)

Kontakt über:
Kompetenzzentrum Frauen
in Informationsgesellschaft und
Technologie
Wilhelm-Bertelsmann-Straße 10
33602 Bielefeld
Tel: (05 21) 10 67-35 3
Fax: (05 21) 10 67-15 4
Homepage: girls-day.de

Patenschaften

Warum?

Wer kennt das nicht, man kommt neu zu einer Gruppe – egal, ob im Job oder in der Freizeit – und ist erst mal ein bissel befangen. „Was sind das für Leute? Werden sie mich akzeptieren? Kann ich mich einbringen? ..."

Wie wäre es, derartigen Unsicherheiten von Anfang an den Boden zu entziehen und Vertrautheit zu schaffen, die den jungen Frauen z. B. beim Berufsstart oder in der gewerkschaftlichen Jugendarbeit die Eroberung neuer Handlungsräume leichter macht?

Wie wäre es z. B. mit bildungs- und arbeitsbegleitenden Patenschaften zwischen weiblichen Auszubildenden und weiblichen Beschäftigten? Wobei die Paten nicht zwangsläufig weibliche Beschäftigte sein müssen.

Idee?

Umgangssprachlich sagt man, „bestimmte Probleme kann man unter Männern ganz leicht lösen". Vielleicht funktioniert das real bei der Beseitigung von Unterscheiden zwischen weiblichen und männlichen Arbeits-/Lebenssituationen „unter Frauen"?

Die Idee der Patenschaft zwischen weiblichen Auszubildenden und weiblichen Beschäftigten besteht darin, dass die Ältere der Jüngeren behilflich sein kann, das eine oder andere Arbeitswelthindernis zu umgehen oder zu beseitigen, Ängste zu nehmen und Bestätigung/Sicherheit zu geben. Einfach aus der Erfahrung der Beschäftigten heraus. Andersrum könnte die Jugend und die Neugier der Auszubildenden für die Beschäftigte Motivation sein, sich selber weiterzuentwickeln, gemeinsam mit der jungen Frau zu lernen.

Die Idee der Patenschaft reicht aber über die Ausbildungszeit hinaus: Im Bildungsbereich reden und arbeiten wir an der Idee des lebensbegleitenden Lernens. Eine lebensbegleitende Patenschaft „unter Frauen" scheint uns genauso möglich. Man stelle sich z. B. vor, dass die Auszubildende in jungen Jahren schwanger wird. Die Beschäftigte könnte ihr z. B. per Kontaktvermittlung zu beschäftigten Müttern vermitteln, dass Familie und Beruf/Karriere vereinbar ist und der Jüngeren damit Mut und positives Beispiel geben, neue Handlungsräume darstellen.

Umsetzung?

Vor der Einstellung neuer Auszubildender stellt der Betriebsrat in Zusammenarbeit mit der Jugend- und Auszubildendenvertretung die Patenschaftsidee zum Beispiel bei einer

Betriebsversammlung oder in der Betriebszeitung vor. In Anbetracht des notwendigen Zeitvorlaufs und des inhaltlichen Zusammenhangs wäre z. B. der Internationale Frauentag – also der 8. März – ein günstiger Zeitpunkt den Startschuss zu geben. Die Intention sollte dabei sein, weibliche Beschäftigte zu werben, sich um weibliche Auszubildende per Patenschaft zu kümmern. In einem ersten Schritt würde es darum gehen, interessierte Frauen zu einer Informationsveranstaltung von BR/JAV einzuladen und mit ihnen gemeinsam das Patenschaftsprojekt mit Leben zu füllen.

Siehe Kapitel 6.3, Projektarbeit
Seite 95 ff.

In einem zweiten Schritt empfiehlt es sich, dass der Betriebsrat auf den Arbeitgeber zugeht und im Zuge der Thematik Frauenförderung um Unterstützung in Bezug auf das Patenschaftsprojekt wirbt (z. B. monatliche Arbeitszeitfreistellung für die Patinnen, materielle Absicherung von Seminaren für Patinnen und Patenazubis, Bereitstellung von Seminarplätzen für Patinnen zu Themen rund um soziale Kompetenzen usw.)

Im dritten Schritt – Einladung der weiblichen Berufsstarter zu einem Treffen mit potenziellen Patinnen.

Nachfolgend kontinuierliche Einladung der Patinnen und Patenazubis zu Gesprächen und daraus resultierend konkrete Unterstützung durch die Betriebsräte und Jugend- und Auszubildendenvertreter.

Was ist seitens der IG Metall-Verwaltungsstellen/-Bezirksleitungen zu tun?

– Diskussion der Patenschaftsidee-Idee in der Verwaltungsstelle (Ausschüsse, IG Metall-Sekretäre etc.)
– Veröffentlichung der Patenschafts-Idee in den Firmen der Verwaltungsstelle (Jugend- und Auszubildendenvertreter, Betriebsräte etc.)
– Ansprache von Firmen- und Ausbildungsleitungen (über Betriebsräte, Aufsichtsratmitglieder der Arbeitnehmerseite, über die Berufsbildungsausschüsse der Kammern etc.)
– Veröffentlichung einer Ideensammlung, wie die Patenschaftsidee mit Leben gefüllt werden kann

- Bereitstellung von Materialien für Patinnen (z. B. im Hinblick auf Sozialleistungen für junge Mütter, Liste von Ansprechpartnerinnen in Problemsituationen)
- Ausschreibung eines Patinnen-Seminars (z. B. Auseinandersetzung mit der IG-Metall-Jugendstudie von Held/Bibouche, im Hinblick auf die festgestellte Lebenssituation von Mädchen/jungen Frauen und deren Prioritäten)

Was könnte das Werben/Vorantreiben von Patenschaften den Gewerkschaften bringen?

- Abbau von Unsicherheiten von Mädchen/junger Frauen bei der Berufswahl
- Förderung und Bestätigung von Mädchen/jungen Frauen
- Generationenübergreifender Austausch- und Lernprozess zwischen Auszubildenden und weiblichen Beschäftigten

Weitere Ideen

- Bewerbungstraining für Schülerinnen
  - durchgeführt von betrieblichen Interessenvertretern und Gewerkschaftssekretären in Schulen

- Elternveranstaltungen und Lehrerfortbildungen zum Thema: „Was ist für junge Mädchen beruflich möglich?"
  - durchgeführt von betrieblichen Interessenvertretern und Gewerkschaftssekretären, die selber Eltern sind

- Wanderausstellung mit Fotos von Frauen in so genannten Männerberufen
  - Ausschreibung eines Fotowettbewerbes und anschließende Veröffentlichung über eine Ausstellung, die von Schulen geliehen werden kann
- Einzel- und Gruppenberatung im Hinblick auf Berufswahl
  - durchgeführt von betrieblichen Interessenvertretern, Gewerkschaftssekretären und ggf. Ausbildern

- ...

Soweit unsere Überlegungen und Ideen zum Thema Mädchenarbeit. Damit beanspruchen wir für uns aber keinesfalls den Stein der Weisen, wir sind zum Thema auch erst Anfänger. Aber weil wir Mädchen und junge Frauen verstärkt ins Geschehen einbeziehen wollen, legen wir los, probieren aus. Damit Mädchenarbeit nicht ein Buch mit sieben Siegeln bleibt.

Aebli, Hans Zwölf Grundformen des Lernens, Stuttgart 1985.

Allespach/Held Neue Orientierungen und Engagementformen jugendlicher Arbeitnehmer und der Arbeitnehmerinnen als Antwort auf die Krise der Gesellschaft, in: Mensel, Schweins, Ulbrich-Herrmann (Hrsg.): Zukunftsperspektive Jugendlicher, Weinheim/München 2001

Allespach/Joos Neue Wege gewerkschaftlicher Betriebspolitik – Anstöße für eine subjektorientierte Weiterentwicklung der Vertrauensleutearbeit, in Gewerkschaft Holz und Kunststoff (Hrsg.): Die Kunst: Mitmachen wecken, Marburg 2000

Beck, Ulrich Kinder der Freiheit, Suhrkamp Verlag, Frankfurt/Main, 1997

Bourdieu, Pierre Die feinen Unterschiede. Kritik der gesellschaftlichen Urteilskraft, Suhrkamp Verlag 1987, Frankfurt/Main

Arthur Fischer u. a., Jugend 2000. Die 13. Shell-Studie, Leske + Budrich, Opladen, 2000

Clermont, Christoph/Goebel, Johannes Die Tugend der Orientierungslosigkeit, Verlag Volk und Welt, Berlin, 1997

Deinet, Ulrich Sozialräumliche Jugendarbeit, Opladen 1999

Dewe, Bernd Lernen zwischen Vergewisserung und Ungewissheit, Opladen 1999

Dörre, Klaus Junge Gewerkschafter/-innen – Vom Klassenindividuum zum Aktivbürger?, Münster 1995

Grubitzsch, Siegfried Aneignung, in Grubitzsch, Siegfried/ Rexilius, Günter (Hrsg.): Psychologische Grundbegriffe, Reinbeck 1987

Held, Josef/Bibouche, Seddik „Die IG-Metall-Jugendstudie Jugend 2000 – Neue Orientierungen und Engagmentformen bei jungen Arbeitnehmern/-innen", Erste Ergebnisse (unveröffentlicht), Juli 2001

Hepp, Andreas Fernsehaneignung und Alltagsgespräche, Opladen/Wiesbaden 1998

IG Metall Bezirksleitung Baden-Württemberg Film zur IG-Metall-Jugendstudie: „Man kann alles verändern"

IG Metall Abt. Bildung/Bildungspolitik Rahmenkonzeption für die Jugendbildungsarbeit der IG Metall/Themenheft Hintergründe – Kleine Geschichte der Jugendbildungsarbeit der IG Metall/Themenheft Lernen/Themenheft Gesellschaftskritik

Illies, Florian Generation Golf – eine Inspektion, Argon Verlag, Berlin, 2000

Scherr, Albert Subjektorientierte Jugendarbeit, Weinheim/München 1997

Siebert, Horst Pädagogischer Konstruktivismus, Neuwied/Kriftel 1999

IG-Metall-Jugendstudie

Lebenseinstellungen junger Arbeitnehmerinnen und Arbeitnehmer

Neue Orientierungen und Engagementformen

Seddik Bibouche

Josef Held

Herausgegeben von der IG Metall

Die IG-Metall-Jugendstudie erscheint Mitte 2002 im Schüren Presseverlag